Venedig

zu Fuß entdecken

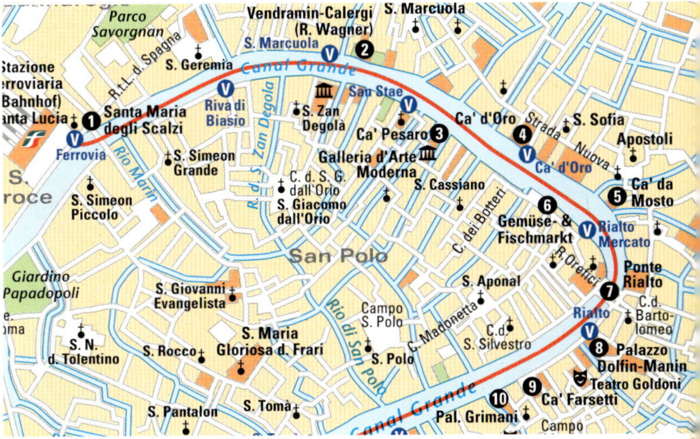

Gehen Sie zu Fuß auf Entdeckertour und erkunden Sie Ihre Lieblingsstadt mit all ihren Facetten und verborgenen Winkeln. Jede Tour führt Sie in eine andere Gegend, lässt Sie überraschende Eindrücke sammeln und Altbekanntes neu genießen.

Zeichenerklärung:

Wann

Sie sind viel im Freien unterwegs –
am schönsten bei Sonnenschein

Überwiegend im Inneren –
macht auch bei Regen Spaß

Am schönsten in der Abenddämmerung
und danach

Dauer · Distanz

kurz Ein Spaziergang mit schönen und
interessanten Orten zum Verweilen

mittel Mittellanger Fußweg und Sehenswürdigkeiten, die einen langen Aufenthalt lohnen

lang Langer Fußweg mit vielen Stationen, für
die Sie sich viel Zeit nehmen sollten

Farbsystem:

Zentrum

Süden

Westen

Norden

Osten

Herausragende Sehenswürdigkeiten sind mit * gekennzeichnet. Die Touren beginnen und enden jeweils an einer Vaporetto-Station (**Ⓥ**).

Unsere besten city Tipps:

Hotels   Seite 128
Abbazia • Ca' Pisani Hotel • Casa Peron • Hotel American Dinesen • Hotel Flora • Locanda del Ghetto • Locanda Fiorita • Metropole • Pensione Accademia Villa Maravege • Residenza Cannaregio Hotel

Restaurants   Seite 132
Caffè Florian • Casin dei Nobili • Do Forni • Gam Gam • Harry's Bar • Lineadombra • Dalla Mora • Do Mori • Ae Oche • Poste Vecie • Rosa Salva • Alle Testiere • Trattoria Da Romano • Alla Vedova • La Zucca

Shopping   Seite 138
Alberto Valese • Bressanello Artstudio • Ca' del Sol • Gilberto Penzo • Giovanna Zanella • L'Isola • Jesurum • Libreria Emiliana • Loris Marazzi • Pasticceria Marchini • Atelier Pietro Longhi • Il Prato • Il Tempio della Musica • Venini • Vizio Virtù

Nightlife   Seite 144
Casino di Venezia • Da Codroma • Enoteca Mascareta • Teatro La Fenice • Interpreti Veneziani • I Musici Veneziani • Paradiso Perduto • Piccolo Mondo • Venezia • Venice Jazz Club

 **Innenstadt Venedig**

 **Übersicht Nördliche Lagune**

Preiskategorien im Überblick:

Hotel (DZ inkl. Frühstück):
- ○○○ über 200 €
- ○○ 100–200 €
- ○ bis 100 €

Restaurant (Menü):
- ○○○ über 50 €
- ○○ 35–50 €
- ○ 20–35 €

Venedigs Prachtstraße: der Canal Grande

**Santa Maria degli Scalzi → Ca' Pesaro → *Ca' d'Oro →
*Ponte Rialto → Ca' Farsetti → P. Mocenigo → Ca' Foscari →
*Ca' Rezzonico → P. Grassi → *Galleria dell'Accademia →
P. Venier dei Leoni → *Ca' Dario → Punta della Dogana**

Noble Paläste und eindrucksvolle Kirchen säumen die berühmteste Wasserstraße der Welt. Bei einer Vaporetto-Fahrt über den s-förmigen, 3,8 km langen Canal Grande, der Venedig in zwei Hälften teilt, lernt man die prachtvolle Schauseite der Palazzi kennen und gleitet unter der berühmten Rialto-Brücke hindurch.

Start:	**V** Ferrovia (1, 2, 3, 4.1, 4.2, 5.1, 5.2, N, VA)
Ziel:	**V** San Marco Vallaresso (1, 2, 10, N, VA)
Wann:	**bei gleißendem Sonnenschein, in der Dämmerung und bei Nebel gleichermaßen stimmungsvoll**

Der Canal Grande gehört zweifellos zu den schönsten Wasserstraßen der Welt. Bei der rund 40-minütigen Fahrt mit dem Vaporetto (evtl. Vaporetto dell'Arte benutzen, s. S. 153) über den »Canalazzo«, ursprünglich ein Nebenarm des Flusses Brenta, gleitet man vorbei an einem gebauten Kompendium venezianischer Architekturgeschichte. Etliche der Palazzi mit ihren gotischen, barocken oder klassizistischen Fassaden, deren wahre Pracht man erst von der Wasserseite aus erkennt, werden auf ewig verbunden sein mit den Namen bedeutender Dogen oder

Vaporetto

Adliger; einige sind in spektakuläre Museen umgewandelt worden, andere in städtischer Nutzung.

Wer zum ersten Mal den Canal Grande befährt, sollte vielleicht einfach das Gesamtkunstwerk auf sich wirken lassen. Und dennoch – einige Bauten verdienen ganz besondere Aufmerksamkeit: Vorbei an der Kirche **Santa Maria degli Scalzi** ❶ (s. S. 68) erblickt man kurz hinter dem Anleger Marcuola linker Hand den Renaissancepalast **Vendramin-Calergi** ❷ (s. S. 86). Wo heute das Spielcasino untergebracht ist, starb am 13. Februar 1883 Richard Wagner. An der anderen Kanalseite erhebt sich alsbald ein weißer Palast: **Ca' Pesaro** ❸, 1628 von Baldassare Longhena erbaut, mit istrischem Kalkstein verblendet und nach dem Dogenpalast der zweitgrößte Venedigs. Hier haben die **Galleria d'Arte Moderna** mit Werken von Klimt, Rodin, Chagall und Kandinsky sowie das **Museo d'Arte Orientale** (s. S. 70) eine

Ca' d'Oro

Heimat gefunden. Ein weiteres Kunstmuseum ist in der schräg gegenüber gelegenen, gotischen *Ca' d'Oro** ❹ (s. S. 89) untergebracht, deren noch immer märchenhaft schöne Fassade einst reich mit Blattgold verziert war. Es folgt die **Ca' da Mosto** ❺. In dem noblen Gasthaus haben bis zum Ende der Republik Mitglieder verschiedener Königshäuser Quartier bezogen. Vorbei am bunten, quirligen **Gemüse- und Fischmarkt** ❻ (s. S. 30) erreicht man den weltberühmten *Ponte Rialto** ❼.

Rialto-Brücke

Mitte des 12. Jhs. wurde am Rialto (*rivo alto* = hohes Ufer), wo Venedigs Siedlungsgeschichte ihren Anfang nahm, eine erste Brücke aus Holz errichtet, die in der Mitte geöffnet werden konnte; die heutige steinerne

Brücke stammt aus dem Jahr 1591. Anschließend lohnen linker Hand drei Palazzi einen kurzen Blick: der von der klassischen Renaissance geprägte **Palazzo Dolfin-Manin ❽**, nun Sitz der Banca d'Italia, die **Ca' Farsetti ❾**, in der Venedigs Rathaus untergebracht ist, und der aus der Mitte des 16. Jhs. stammende **Palazzo Grimani ❿**, Sitz des Appellationsgerichtshofes. Vom Anleger San Tomà blickt man gegenüber auf die Schauseite der vier **Palazzi Mocenigo ⓫**; in dem von Löwenköpfen dominierten Trakt residierte im 19. Jh. der britische Dichter Lord Byron. Die spätgotische **Ca' Foscari ⓬** fungiert heute als Hauptgebäude der Universität. Es folgt die klassizistische ***Ca' Rezzonico ⓭**, in der ein Museum über die Alltags- und Wohnkultur im 18. Jh. informiert (tgl. 10–18, Nov.–März 10–17 Uhr). Gegenüber der auffallende ***Palazzo Grassi ⓮** (s. S. 24), der seit dem Umbau durch den Stararchitekten Tadao Ando und dem Einzug der Sammlung Pinault zu den spannendsten Kunstadressen Venedigs zählt. Am **Ponte dell'Accademia** sieht man rechter Hand die berühmte ***Galleria dell'Accademia ⓯**, Venedigs wichtigste Gemäldegalerie (s. S. 52). Nicht weniger spektakulär: die Collezione Peggy Guggenheim (s. S. 53), untergebracht im unvollendeten **Palazzo Venier dei Leoni ⓰**. Ein Fluch, so heißt es, liege über der ***Ca' Dario ⓱**, einem Juwel der Frührenaissance.

Punta della Dogana

Tatsächlich wurden zahlreiche Bewohner von Unglücks- und Todesfällen heimgesucht. Vorbei an der **Punta della Dogana ⓲** (s. S. 54) samt neuem Museum für zeitgenössische Kunst steuert das Vaporetto nun auf den Anleger San Marco Vallaresso zu.

Touren im Anschluss: 2, 3, 4, 10, 12, 23, 24

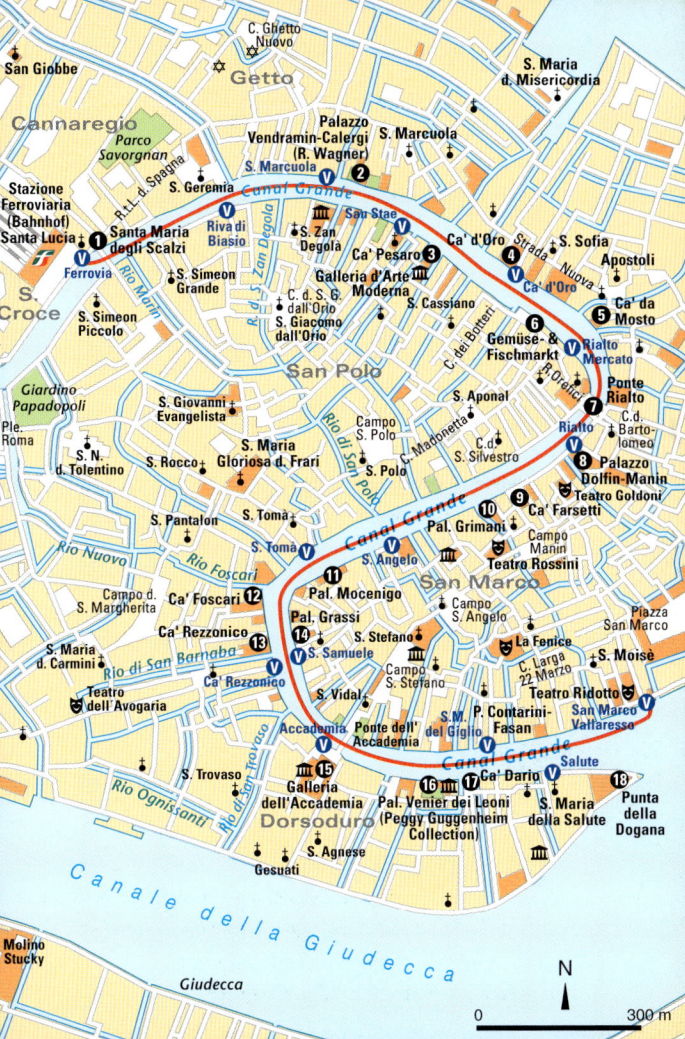

lang

Herz der Serenissima: Piazza San Marco

Markusbibliothek → *Campanile → Prokuratien → Museo Civico Correr → Biblioteca Marciana → Torre dell'Orologio → *Basilica di San Marco → *Palazzo Ducale → Seufzerbrücke

Atemberaubende Bauwerke wie die Basilica di San Marco, der Dogenpalast und die Prokuratien machen die Piazza San Marco zum Herzstück Venedigs. Napoleon nannte das Geviert einst den »schönsten Salon Europas«.

Start: Ⓥ San Marco Vallaresso (1, 2, 10, N, VA)
Ziel: Ⓥ San Zaccaria (1, 2, 4.1, 4.2, 5.1, 5.2, 7, 14, 20, N)
Wann: jederzeit, am schönsten am frühen Morgen, wenn der Platz noch eine magische Ruhe ausstrahlt

Man verlässt das Vaporetto und hält sich rechts. Vorbei an der Touristinformation (tgl. 9–14.30 Uhr) geht es Richtung Markusplatz. Am Tage herrscht zwischen den zahlreichen Souvenir- und Maskenständen dichtes Gedränge. Rasch ist über Piazzetta die berühmte Piazza San Marco erreicht. Als weithin sichtbare Machtdemonstration erheben sich zwischen Dogenpalast (Palazzo Ducale) und der in einem prachtvollen Renaissancegebäude untergebrachten **Biblioteca Marciana** mit kostbarer Handschriftensammlung (Eingang über Museo Civico Correr) zwei große Granitsäulen: die **Colonne di San Marco e San Todaro,** die im 12. Jh. ihren Weg aus dem Orient nach Venedig fanden. Eine Säule trägt die Statue des Hl. Theodor, bis zum Raub der Markusreliquien oberster Schutzpatron Venedigs, die andere Säule den Markuslöwen, das venezianische Wappentier. Bis heute vermeiden es die Venezianer, zwischen den Säulen hindurchzugehen, denn hier befand sich früher eine Hinrichtungsstätte.

Zur Linken liegt das **Gran Caffè Chioggia.** Vom Spiel des Kaffeehausorchesters begleitet bummelt man zum 98 m hohen *Campanile ❶. Bereits im 9. Jh. soll hier, am einstigen Uferbecken ganz nahe der Basilica di San Marco, ein Wacht- oder Leuchtturm gestanden haben. Der im 12. Jh. erbaute Campanile stürzte 1902 plötzlich ein, wurde jedoch originalgetreu wieder aufgebaut. Ein Fahrstuhl bringt einen binnen weniger Sekunden nach oben, wo sich ein grandioser Blick über Venedig bietet (April–Sept. 9–19.30, Okt.–März 9–17 Uhr).

Wieder zurück auf der **Piazza San Marco,** dem einzigen Platz Venedigs, der sich Piazza nennen darf (alle anderen heißen Campo bzw. Campiello), muss man sich seinen Weg durch Touristengruppen, fliegende Händler und flatternde Tauben bahnen, um das Gesamtkunstwerk von der Ala Napoleonica aus betrachten zu können, dem Abschluss des L-förmigen Platzes. Vorbei an den **Procuratie Nuove,** wo sich u. a. das berühmte **Caffè Florian ❷** (s. S.132) befindet, gelangt man zur **Ala Napoleonica** mit Eingang zum **Museo Civico Correr ❸**, das Venedigs Kulturgeschichte dokumentiert, und der Biblioteca Marciana. In den **Procuratie Vecchie** hatten einst die Verwaltungsbeamten der Seerepublik ihre Amtsstuben. Heute laden hier Geschäfte zum Bummeln ein, und traditionsreiche Cafés wie das **Quadri ❹** oder das **Lavena ❺**, in dem Richard Wagner gern verkehrte, kredenzen sündhaft teuren Kaffee.

Basilica di San Marco

Vorbei an der **Torre dell'Orologio ❻**, dem Uhrturm (Besteigung möglich), gelangt man zur den Platz beherrschenden **＊Basilica di San Marco ❼**, 832 geweiht und bis heute Sinnbild der venezianischen Republik. Nachdem die Gebeine des Hl. Markus von Kaufleuten in Alexandria gestohlen und in einem Korb mit

Palazzo Ducale

gepökeltem Schweinefleisch nach Venedig geschmuggelt worden waren, errichtete man ihm zu Ehren hier ein Gotteshaus, das zu den schönsten und beeindruckendsten der Welt zählt (Mo–Sa 9.45–17, So, Fei 14–16/17 Uhr, Eintritt frei; in der Basilika: Schatzkammer und Pala d'Oro, Eintritt).

Von der Wasserseite her betritt man den **＊Palazzo Ducale ❽**, einst als Sitz des Dogen, der Regierung und Justiz das Zentrum der Macht. Wo jahrhundertelang Weltgeschichte geschrieben wurde, wandelt man heute vorbei an atemberaubenden Kunstwerken wie Tintorettos »Paradies« durch die offiziellen Räume und privaten Gemächer der Dogen sowie die berüchtigten Gefängnisse, in denen einst die Gegner der Serenissima unter grauenvollen Bedingungen schmorten (April–Okt. tgl. 8.30–19, sonst bis 17.30 Uhr).

Riva degli Schiavoni

Wieder zurück auf der Piazza San Marco, sollte man ein Stück an der **Riva degli Schiavoni** entlangschlendern. Links erblickt man die berühmte **Seufzerbrücke ❾**, von der aus die Verurteilten auf ihrem Weg ins Staatsgefängnis einen letzten sehnsüchtigen Blick in die Freiheit werfen konnten.

Touren im Anschluss: 3, 4, 10, 11, 12, 23, 24

Shoppingtour zwischen San Marco und Rialto

mittel

*Piazza San Marco → Torre dell'Orologio → Calle Specchieri → San Giuliano → San Salvatore → Campo San Lio → Fondaco dei Tedeschi → *Ponte Rialto

Hier findet man alles, was das Herz begehrt: in den Mercerie, den lebhaften Einkaufsgassen zwischen Markusplatz und Rialto. Wo vor Jahrhunderten heimische und exotische Waren umgeschlagen wurden, locken jetzt exquisite Boutiquen internationaler Couleur.

Start: Ⓥ San Marco Vallaresso (1, 2, 10, N, VA)
Ziel: Ⓥ Rialto (1, 2, N)
Wann: täglich, auch bei Regen; sonntags bleiben einige Geschäfte geschlossen

Wer die ***Piazza San Marco** durch die **Torre dell'Orologio ❶** verlässt, findet sich unversehens im lebhaften Geschäftsviertel Venedigs wieder. Seit Jahrhunderten schon herrscht in den Mercerie dichtes Gedränge; Designerboutiquen à la Prada, Versace, Gucci, Armani, Laura Biagotti und Co. ziehen ein zahlungskräftiges Publikum an. Eine nette Alternative ist die parallel verlaufende, schmale **Calle Specchieri,** die historische Gasse der Spiegelmacher. Wer mag, wirft vorab einen Blick in das Geschäft von **Venini** (s. Shopping, S. 143), Synonym für hyper-moderne, todschicke Glasobjekte. Vorbei an

Torre dell'Orologio

zahlreichen Souvenirgeschäften, die Schmuck, Glaswaren aus Murano oder Textilien anbieten, lohnt in der Calle Specchieri ein Stopp im Restaurant **Do Forni** (s. Restaurants, S. 133), das dem legendären Orient-Express nachempfunden wurde.

Nach wenigen Schritten ist die Mitte des 16. Jhs. erbaute Kirche **San Giuliano (San Zulian) ❷** am gleichnamigen Campo erreicht, ihre Fassade geht auf Pläne San-sovinos zurück (im Sommer tgl. 8.30–18.30, im Winter bis 17 Uhr). Wer Lust auf Süßes verspürt, der sollte ein paar Schritte in die Calle Spadaria tun, wo die alteingesessene **Pasticceria Marchini** (s. Shopping, S. 142) feinste Konditorwaren anbietet.

Pasticceria Marchini

Am **Campo San Salvatore** erhebt sich die Kirche **San Salvatore ❸**, entstanden 1507–1534 nach Plänen Sansovinos sowie Pietro und Tullio Lombardos. Der Renaissancebau ist mit bedeutenden Kunstwerken ausgestattet. Rechter Hand befindet sich das Grabmal Francesco Veniers (1489–1556), des 81. Dogen von Venedig, der zu den wohlhabendsten Männern der Stadt zählte und für eine friedliche Epoche in der Stadtgeschichte steht. Die Plastiken »Carità« (Wohltätigkeit) und »Speranza« (Hoffnung) sind Arbeiten Sansovinos. Im rechten Querhaus ist Caterina Cornaro beigesetzt, die 1663 verstorbene Königin von Zypern (tgl. außer So 9–12, 16–18, im Winter 9–12, 15–18 Uhr, Eintritt frei).

Über die Calle dei Stagneri, wo sich das freundliche **Ristorante Da Mario alla Fava** (Calle dei Stagneri 5242, ○○○) versteckt, läuft man über eine Brücke geradewegs auf **Santa Maria della Fava ❹** zu – warum die aus dem 18. Jh. stammende schlichte, eigentlich Santa Maria della Consolazione heißende Kirche mit ihrer Ziegelsteinfassade im Volksmund zur »Bohnenkirche«

wurde, dazu gibt es mehrere Legenden. Den ersten Altar rechts schmückt ein Gemälde Tiepolos, den zweiten Altar links ein Werk Piazzettas (8–11.30, 16.30–19.30 Uhr).

Die schmale Calle del Fava führt direkt zum **Campo San Lio,** wo in der Kirche **San Lio ❺** abends häufig stimmungsvolle Konzerte stattfinden; ein Fresko von Tiepolo ziert die Decke (Mo, Fr 9–12, Sa, So 9–11.30, 15.30–16.30 Uhr). Kunstwerke sind auch die Schuhkreationen von **Giovanna Zanella** (s. Shopping, S. 140), deren Geschäft nur einen Katzensprung von San Lio entfernt liegt. Auf dem Weg Richtung Canal Grande passiert man den **Fondaco dei Tedeschi ❻**, den ehemaligen deutschen Handelshof, der sich mit Blick auf die Rialto-Brücke in wahrlich bester Lage befindet, zurzeit aber ungenutzt ist. Musikfans sollten von der Salizzada Pio X., die auf die Rialto-Brücke zuführt, rechts in den Ramo dei Tedeschi einbiegen. Denn hier befindet sich mit dem **Tempio della Musica** (s. Shopping, S. 143) eine wahre Fundgrube für CDs aller Musikrichtungen.

Giovanna Zanella

Der Spaziergang endet am ***Ponte Rialto ❼**, bis Mitte des 19. Jhs. der einzige Übergang über den Canal Grande. Bis heute erinnern die Ufernamen daran, dass sich hier einst das Handelszentrum der Stadt befand. Und noch immer ist Rialto mit seinen Geschäften, den Straßenverkäufern und dem nahe gelegenen Markt das Herzstück des Wirtschaftslebens. Als die ursprüngliche Holzbrücke 1591 durch die heutige Steinbrücke ersetzt wurde, mussten dafür sage und schreibe 12 000 Pfähle in den Grund gerammt werden!

Touren im Anschluss: 6, 7, 22

mittel

Musik liegt in der Luft

*Piazza San Marco → San Moisè → *Teatro La Fenice →
San Fantin → Campo Zobenigo → Santa Maria del Giglio →
San Maurizio → *Santo Stefano → *San Vidal

Was wäre Venedig ohne seine Musik? Ohne Vivaldi, Monteverdi, Rossini? Die stimmungsvollen Kirchenkonzerte zählen zu den Höhepunkten eines Venedig-Besuchs. Und dann ist da ja auch noch das Teatro La Fenice, eines der bekanntesten Opernhäuser der Welt.

Start: **Ⓥ** San Marco Vallaresso (1, 2, 10, N, VA)
Ziel: **Ⓥ** Accademia (1, 2, N, VA)
Wann: jederzeit; für die Audioguide-Tour durch das Teatro La Fenice vorher aktuelle Öffnungszeiten erfragen

Man verlässt die ***Piazza San Marco** (s. S. 12), mitunter begleitet von leiser Orchestermusik, durch die Ala Napoleonica, den krönenden Abschluss des berühmten Platzensembles. Die belebte **Salizzada San Moisè** säumen Boutiquen von Nobelmarken wie Prada, Gucci und Bulgari. Wer sofort wieder nach links in die Calle Vallaresso einbiegt, stößt ganz am Ende rechter Hand auf einen unscheinbaren Hauseingang. Dahinter verbirgt sich eine venezianische Institution: **Harry's Bar ❶** (s. Restaurants, S. 134), wo schon Frank Sinatra und Ernest Hemingway gerne einen Drink nahmen. Die Tour geht weiter entlang der Salizzada San Moisè zur 1668 errichteten Kirche **San Moisè ❷**; der verschwenderische Skulpturenschmuck ihrer Barockfassade musste im 19. Jh. reduziert werden, weil er die Statik gefährdete. Im Inneren ist neben dem Hochaltar Tintorettos »Fußwaschung« zu bewundern (Mo–Sa 9.30–12.30 Uhr). Unmittelbar am Platz verführt **L'Isola** (s. Shopping, S. 140) mit erlesenen Glasobjekten von Moretti.

Auf der Calle Larga 22 Marzo bewerben schon am Tage »Schauspieler« in barocken Kostümen die abendlichen Konzertveranstaltungen in verschiedenen Kirchen der Stadt. Von hier lohnt unmittelbar hinter der restaurierten historischen Börse ein Abste-

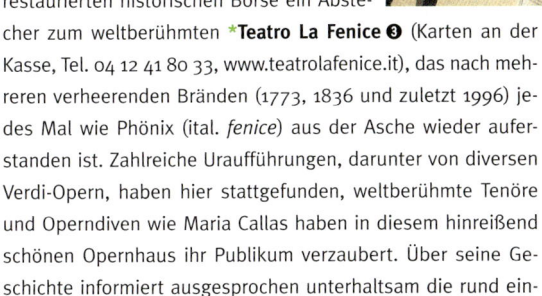

San Moisè

cher zum weltberühmten ***Teatro La Fenice** ❸ (Karten an der Kasse, Tel. 04 12 41 80 33, www.teatrolafenice.it), das nach mehreren verheerenden Bränden (1773, 1836 und zuletzt 1996) jedes Mal wie Phönix (ital. *fenice*) aus der Asche wieder auferstanden ist. Zahlreiche Uraufführungen, darunter von diversen Verdi-Opern, haben hier stattgefunden, weltberühmte Tenöre und Operndiven wie Maria Callas haben in diesem hinreißend schönen Opernhaus ihr Publikum verzaubert. Über seine Geschichte informiert ausgesprochen unterhaltsam die rund einstündige Audioguide-Tour. Gegenüber, auf dem Campo San Fantin, liegt das kleine, im 16. Jh. erbaute Kirchlein **San Fantin,** an dem Sansovino mitwirkte. Ein beliebter Künstlertreff nach den Aufführungen ist das Ristorante **Antico Martini** (○○○).

Teatro La Fenice

Wieder zurück auf der Calle Larga 22 Marzo, lohnt ein Blick in das Schaufenster von **Jesurum** (s. Shopping, S. 140), einem Geschäft für Heimtextilien aus venezianischer

Spitze. Kurz bevor man den **Campo Zobenigo** mit der Kirche **Santa Maria del Giglio** (Choruskirche) ❹ erreicht – der Barockbau wurde von den Barbaro in Auftrag gegeben und die Sockelreliefs zeigen Ansichten jener Städte, die beim Aufstieg der Adelsfamilie eine Rolle spielten –, liegt linker Hand **Il Prato** (s. Shopping, S. 142). Hier stehen handgeschöpftes Papier und daraus gefertigte Gegenstände zum Verkauf.

Musik dringt aus der klassizistischen Kirche **San Maurizio** ❺ auf dem gleichnamigen Campo. Heute befindet sich hier ein Museum (Eintritt frei), in dem historische Instrumente zu bewundern sind und wo man CDs erwerben kann.

Auf dem wunderschönen **Campo San Stefano/Campo F. Morosini** fanden bis zum Jahre 1802 noch die legendären Stierjagden statt. Hier sollte man eine kurze Pause einlegen und eventuell **Alberto Valese** (s. Shopping, S. 138) besuchen, einen Meister in der Herstellung marmorierten Papiers. Am Nordende des Campo erhebt sich die Klosterkirche ***Santo Stefano** ❻ (Choruskirche), schon von Weitem an ihrem leicht schiefen Campanile zu erkennen. Sie besitzt eine herrliche Holzdecke in Form eines umgedrehten Schiffsrumpfes, mehrere Werke von Tintoretto und einen hübschen Kreuzgang, dessen Zugang sich allerdings am benachbarten Campo Sant'Angelo befindet. Von Künstlern wird die nahe gelegene, aus dem 11. Jh. stammende Kirche *San Vidal ❼ genutzt, in der an vielen Abenden von dem international bekannten Ensemble **Interpreti Veneziani** stimmungsvolle Barock- und Vivaldi-Konzerte gegeben werden.

Touren im Anschluss: 5, 12

Plätze und Palazzi

Campo San Samuele → ***Palazzo Grassi** → ***Santo Stefano** → **Palazzo Fortuny** → ***Palazzo Contarini del Bovolo** → **Teatro Goldoni** → **Palazzo Dolfin-Manin** → ***Ponte Rialto**

San Marco ist das geschäftigste aller Stadtsechstel. Und doch gibt es auch hier stille Gassen und Innenhöfe, stimmungsvolle Campi, eindrucksvolle Palazzi – und überraschende Sehenswürdigkeiten wie die François Pinault-Ausstellung im Palazzo Grassi oder die zauberhafte Scala Contarini del Bovolo.

Start: Ⓥ San Samuele (2, N, VA)
Ziel: Ⓥ Rialto (1, 2, N)
Wann: zu jeder Jahreszeit

Schon vom Canal Grande aus ist er nicht zu verfehlen: der an den **Campo San Samuele** grenzende ***Palazzo Grassi** ❶ (www.palazzograssi.it). Meist weist ein überdimensioniertes Objekt auf den Tempel moderner Kunst hin, der in den vergangenen Jahren wiederholt mit spektakulären Ausstellungen für Furore gesorgt hat. Der Palazzo selbst stammt aus dem 18. Jh. und wurde für die aus Bologna stammende Familie Grassi errichtet. Stararchitekt Tadao Ando baute den Palast um, heute beherbergt er auf 5000 m² Fläche die umfangreiche private Kunstsammlung des französischen Unternehmers und Mäzens François Pinault (tgl. außer Di 10–19 Uhr).

Palazzo Grassi

Auf dem Weg zum stimmungsvollen **Campo Santo Stefano** mit der Kirche *****Santo Stefano** ❷ (s. S. 22) lohnen zwei Geschäfte einen Stopp: Eher kostspielig sind die ungewöhnlichen Holzobjekte von **Livio de Marchi,** z. B. Mäntel oder Taschen (Salizzada San Samuele 3157), während **La Salizada Galleria** historische Venedig-Fotografien, z. T. auf Holz gezogen, zu erschwinglichen Preisen offeriert (Di, Do, Fr, Sa 10–13, 15.30–19.30 Uhr). Je nach Lust und Laune sollte man anschließend am

Livio de Marchi

Campo in einem der Cafés oder Restaurants eine kurze Verschnaufpause einlegen und die Stimmung des Platzes, der zu den schönsten Venedigs zählt, auf sich wirken lassen.

Nur einen Katzensprung entfernt liegt der weite und vergleichsweise stille **Campo Sant'Angelo** mit seinen gotischen Hausfassaden. Beim Blick zurück erkennt man den schiefen Kirchturm von Santo Stefano. Wer Lust hat, macht den kurzen Abstecher zum **Museo Pesaro,** das im **Palazzo Fortuny** ❸ untergebracht ist. Der aus Spanien stammende Stoffdesigner, Künstler und Fotograf Mario Fortuny lebte von 1899 bis 1950 in diesem gotischen Palazzo. Ein Museum erinnert an

Palazzo Fortuny

den Künstler, dessen Stoffkreationen (darunter der berühmte Plisseestoff) einst die Hautevolee getragen hat und die bis heute in Venedig gefertigt werden (tgl. außer Di 10–18 Uhr).

Wieder zurück, gelangt man über die Calle Mandola auf den **Campo Manin,** auf dem ein Standbild an Daniele Manin erinnert, Anführer des Aufstandes gegen die Österreicher 1848. Ein kurzer Abstecher durch schmale Gässchen führt zum etwas

Scala Contarini del Bovolo

versteckt gelegenen, im 15. Jh. erbauten ***Palazzo Contarini del Bovolo ❹**. Es ist weniger der Palazzo selbst, als vielmehr der im Innenhof befindliche Wendeltreppenturm, der einen Blick lohnt und mit seinen zierlichen Arkadenbögen deutlich macht, dass selbst enge Innenhöfe eine prachtvolle Ausgestaltung erfuhren.

Leseratten sollten vom **Campo San Luca,** dem zentralen Punkt der Stadt, einen kleinen Abstecher in die Calle Goldoni unternehmen. Hier, in Hausnummer 4487, befindet sich mit der **Libreria Emiliana** (s. Shopping, S. 141) die älteste Buchhandlung Venedigs. Nicht weit entfernt stößt man auf das im 17. Jh. gegründete **Teatro Goldoni ❺** (www.teatro stabileveneto.it), das dem berühmten, aus Venedig stammenden Komödiendichter Carlo Goldoni (1707–1793) gewidmet ist. In dem nüchtern wirkenden Bau stehen noch immer seine berühmten Lustspiele auf dem Spielplan.

Rasch hat man von hier aus den Canal Grande mit seinem umwerfenden Blick auf den ***Ponte Rialto** erreicht. Die Riva del Carbon erinnert an Zeiten, als hier noch Kohle von den Schiffen verladen wurde. Rechter Hand erhebt sich der gotische **Palazzo Bembo ❻**, einst Wohnsitz des Kardinals und humanistischen Gelehrten Pietro Bembo. Daran anschließend ein weiteres Juwel: der **Palazzo Dolfin-Manin ❼**, nach Plänen von Sansovino im 16. Jh. errichtet und heute Sitz der Banca d'Italia. Am quirligen Anleger **Rialto** endet die Tour.

Touren im Anschluss: 6, 7, 22

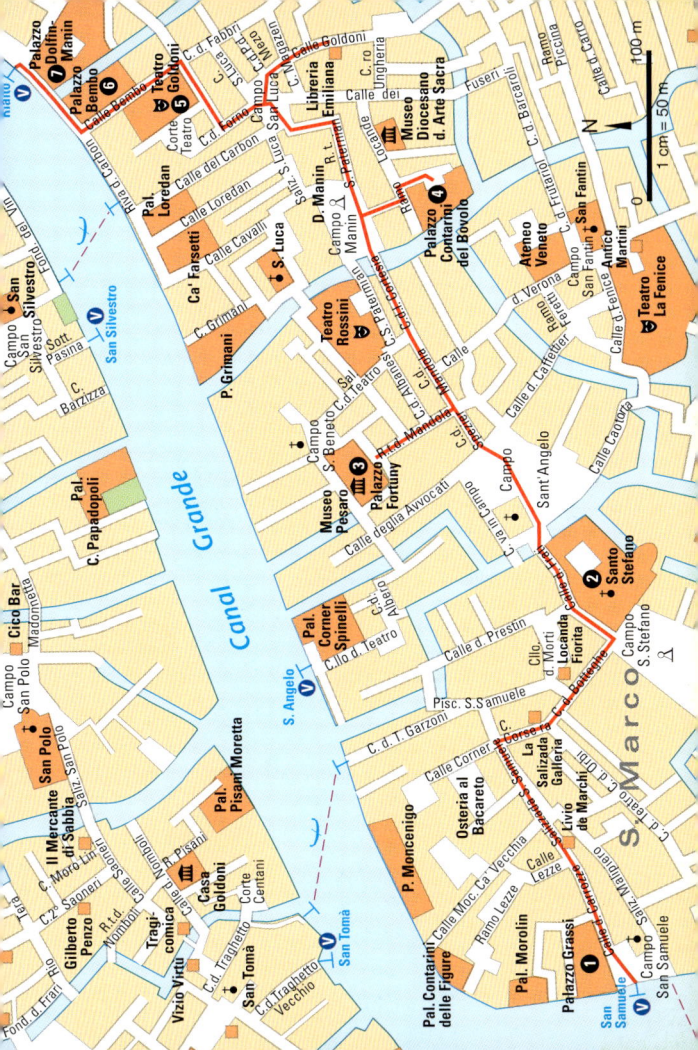

Hinein ins lebhafte Marktgeschehen

mittel

*Ponte Rialto → Palazzo dei Camerlenghi → San Giacomo di Rialto → Gobbo di Rialto → Erberia → Pescheria → Fondamenta del Vin

Berge von Orangen, Weintrauben, Tomaten, Bohnen, Knoblauch und Artischocken bieten ein farbenprächtiges Bild. Die Erberia und der angrenzende Fischmarkt, die Pescheria, sind die historischen Märkte der Stadt. Wer all die Köstlichkeiten auf typisch venezianische Weise genießen möchte, der sollte in eine der urigen Osterien einkehren.

Start: Ⓥ Rialto (1, 2, N)
Ziel: Ⓥ Rialto (1, 2, N)
Wann: am besten vormittags, außer montags, dann bleibt der Markt geschlossen

Schon zu Zeiten der Serenissima befand sich rund um Rialto das geschäftige Handelszentrum der Seerepublik. Zahlreiche Schiffe lagen hier vor Anker, Güter wie Kaffee, Tee oder Tabak wurden umgeschlagen, am Ufer stapelten sich die Säcke und Körbe voller »exotischer« Waren. Ufernamen wie Fondamenta del Vin (Wein), del Ferro (Eisen) oder del Carbon (Kohle) erinnern an das internationale Handelszentrum von einst. Handel wird hier auch heute noch betrieben. An den zahlreichen Souvenir- und Verkaufsständen, in den Ladenpassagen sowie auf dem Fisch- und Gemüsemarkt, den man vom ***Ponte**

Erberia

Rialto ❶ aus in ein paar Schritten erreicht, herrscht am Tage ein derart dichtes Gedränge, dass es nicht ganz leicht ist, den Überblick zu behalten. Hat man die Rialto-Brücke passiert, liegt rechter Hand der **Palazzo dei Camerlenghi ❷**, ein Renaissance-bau aus dem frühen 16. Jh. Er wurde auf den Fundamenten eines Vorgängerbaus errichtet, der genau wie viele andere Gebäude im Rialto-Viertel 1513 Opfer einer verheerenden Feuersbrunst geworden war. In diesem Palazzo befand sich die gefürchtete Finanzverwaltung der Republik. Wer nicht zahlen wollte, wanderte kurzerhand hinter Gitter – eine Schmach, sorgten vergitterte Zellen im Erdgeschoss doch dafür, dass Vorbeigehende die Steuersünder von außen sehen konnten.

Ein kurzes Stück entlang der trubeligen Ruga degli Orefici, der traditionellen Straße der Goldschmiede, gelangt man zur Kirche **San Giacomo di Rialto ❸**, eine der ältesten Kirchen Venedigs, im Volksmund kurz »San Giacometto« genannt. Dass dieses Gotteshaus den Kaufleuten geweiht war, macht eine Inschrift deutlich, die die Händler dazu anhielt, Tugenden wie Ehrlichkeit und Redlichkeit hochzuhalten (tgl. 9.30–17 Uhr). Auf dem **Campo San Giacomo di Rialto,** unter dessen pittoreskem Arkadengang Cafés und Osterien ansässig sind, wurden einst Handelsgesetze und Steuerverordnungen verlesen. Aufmerksamkeit verdient an dieser Stelle der **Gobbo di Rialto ❹**, der Buck-lige von Rialto, eine Steinstatue aus dem 16. Jh., die nackt und kniend schwere Stein-stufen schultert – ein Sinnbild für die Last der Abgaben, von denen viele Venezianer sich erdrückt sahen. Il Gobbo war zugleich der herbeigesehnte Zielpunkt eines ernied-

rigenden Laufs, bei dem Straftäter splitternackt vom Markusplatz bis Rialto laufen mussten.

Ein Stück weiter auf der Straße der Goldschmiede geht es rechts ab zum Markt. Es ist ein sinnliches Erlebnis, durch die **Erberia ❺**, den farbenprächtigen Obst- und Gemüsemarkt, zu schlendern, auf dem je nach Jahreszeit leuchtende Orangen, Berge von Weintrauben, Tomaten, Auberginen oder Artischocken kunstvoll aufgeschichtet sind. Gleich nebenan lockt die

Pescheria

Pescheria ❻, untergebracht in der Fischmarkthalle aus dem frühen 20. Jh., mit fangfrischem Fisch, auch aus der Lagune. Tierschützer werden die Körbe, in denen es bisweilen kriecht und krabbelt, wohl weniger gut ertragen können.

Wer jedoch gerade hier Lust bekommen hat, eine Kleinigkeit zu essen, der hat im Rialto-Viertel eine riesige Auswahl. Empfehlenswert sind u. a. das direkt am Fischmarkt gelegene, über eine unauffällige Holzbrücke zu erreichende **Poste Vecie** (s. Restaurants, S. 136), das angeblich älteste Restaurant der Stadt, oder das **Do Mori** (s. Restaurants, S. 135), eines der urigsten und gemütlichsten Bàcari Venedigs. Von hier aus erreicht man rasch wieder die **Fondamenta del Vin** und genießt einen fantastischen Blick auf die berühmte Rialto-Brücke. Wer abkürzen möchte, wählt die Calle della Madonna, wo die **Trattoria Alla Madonna** (○○) ebenfalls mit frischem Fisch lockt.

Antica Trattoria Poste Vecie

Touren im Anschluss: 7, 22

mittel

Das Manhattan Venedigs

*Ponte Rialto → Fondamenta del Vin → Campo San Silvestro → Campo Aponal → Ponte delle Tette → Palazzo Albrizzi → *Campo San Polo

Vom pulsierenden Leben rund um Rialto ist es nur ein kurzer Weg bis in die engen, verwinkelten Gassen San Polos. Aus Platzgründen baute man die Häuser hier höher als in den anderen Stadtteilen. Herzstück des Sestiere ist der Campo San Polo, einer der stimmungsvollsten und geschichtsträchtigsten Plätze der Stadt.

Start: **V** Rialto (1, 2, N)
Ziel: **V** San Tomà (1, 2, N)
Wann: jederzeit; wer im Sommer Lust auf Freilichtkino hat, sollte den Weg am frühen Abend gehen und sich auf dem Campo San Polo unter die Cineasten mischen

Es ist ein Bild, von dem man sich kaum trennen mag: der weltberühmte ***Ponte Rialto ❶**, vor dem zahlreiche Gondeln kreuzen. Zumal die **Fondamenta del Vin** (Weinufer) eine der wenigen Stellen in Venedig ist, an denen man direkt am Canal Grande entlangspazieren kann. Also sollte, wer keine Eile hat, hier eine Zeitlang verweilen. Die hübschen Restaurants haben bereits morgens die Tische liebevoll eingedeckt.

Rialto-Brücke

An der fotogenen Gondelstation Riva del Vin geht es hinein in die Gassen zum **Campo San Silvestro** mit der gleichnamigen Kirche und von dort geradeaus weiter zum **Campo Aponal** mit der ursprünglich aus dem 11. Jh. stammenden Kirche **Sant'Apollinare ❷**. Hier bietet sich ein kurzer Abstecher an, der einen in das authentische, untouristische und stille San Polo führt. Durch die schmale Calle del Porto Storto und über den Ponte Storto hinweg gelangt man rasch zum **Ponte delle Tette ❸**, der »Brücke der Brüste«. Im 16. Jh.

befand sich hier ein berüchtigtes Rotlichtviertel. Die Prostituierten durften nicht nur, sie mussten hier mit nackten Brüsten um Freier werben. Angeblich wollte man auf diese Weise die verbreitete Homosexualität eindämmen, was letztendlich aber nicht gelang. Wer hier pausieren möchte, sollte in die **Trattoria Antiche Carampane** (Rio terà delle Carampane, ◯◯) einkehren – vorausgesetzt man ist ordentlich gekleidet und hat auf etwas anderes Appetit als auf Pizza … Von der Brücke läuft man zum **Campiello Albrizzi,** an dem der von außen eher unscheinbare **Palazzo Albrizzi ❹** liegt. In seinen prächtigen Innenräumen fand im 18. Jh. ein literarischer Salon statt, an dem auch der Dichter Ugo Foscolo und der Bildhauer Antonio Canova teilnahmen.

Vom Campiello Albrizzi ist in wenigen Minuten der zweitgrößte Platz Venedigs erreicht: der ***Campo San Polo.** Kaum vorstellbar, dass hier im Mittelalter noch Vieh graste. Später wurden auf dem Campo rauschende Bälle gefeiert, Messen abgehalten und blutige Stierjagden veranstaltet. Heute dient der baumbestandene Platz, an dem einige Cafés und Restaurants wie z. B. die **Cico Bar** (tgl. 9.30–22 Uhr, ◯) zur Rast

Ponte delle Tette

Campo San Polo

einladen, den Venezianern als beliebter Treffpunkt. Im Winter wird der Campo San Polo zur wunderbaren Kulisse für den farbenfrohen Karneval. Im Sommer hingegen ist eine Tribüne aufgebaut, dann findet hier das beliebte Open-Air-Kino statt, bei dem topaktuelle Filme unter nächtlichem Himmel gezeigt werden. Im nicht zu übersehenden **Palazzo Soranzo** (Nr. 2169–2171) soll Giacomo Casanova, der 1725 in Venedig geborene legendäre Verführer, Abenteurer, Schriftsteller, Priester, Falschspieler und Geiger, verkehrt haben. Am Platz wurde zudem am 26. Februar 1548 Lorenzino de Medici ermordet, ein Spross des Florentiner Adelsgeschlechts, der sich seinerseits des Mordes an Alessandro de Medici schuldig gemacht hatte.

Durch das gotische Portal betritt man die sehenswerte Kirche ***San Polo** (Choruskirche) ❺ mit ihrer eindrucksvollen hölzernen Schiffsdecke – und einem »Abendmahl« von Tintoretto.

Der Weg zur Vaporettostation San Tomà führt durch lebhafte Gassen, die von zahlreichen Geschäften gesäumt sind. Außergewöhnlichen Schmuck, Lampen und Taschen findet man bei **Il Mercante di Sabbia** (Calle dei Saoneri 2724, tgl. 10–19 Uhr),

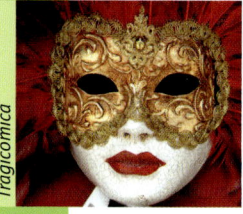

Tragicomica

wunderschöne Masken und Kostüme bei **Tragicomica** (Calle dei Nomboli 2800), gegenüber der Casa Goldoni (s. S. 36). Wer sich für Gondeln interessiert, der sollte bei **Gilberto Penzo** (s. Shopping, S. 139) vorbeischauen, einem absoluten Experten in Sachen Gondelbau (schöne Modelle). Vom **Campo San Tomà** mit der gleichnamigen Kirche aus ist der Weg zum Vaporettoanleger ausgeschildert.

Touren im Anschluss: 8, 15

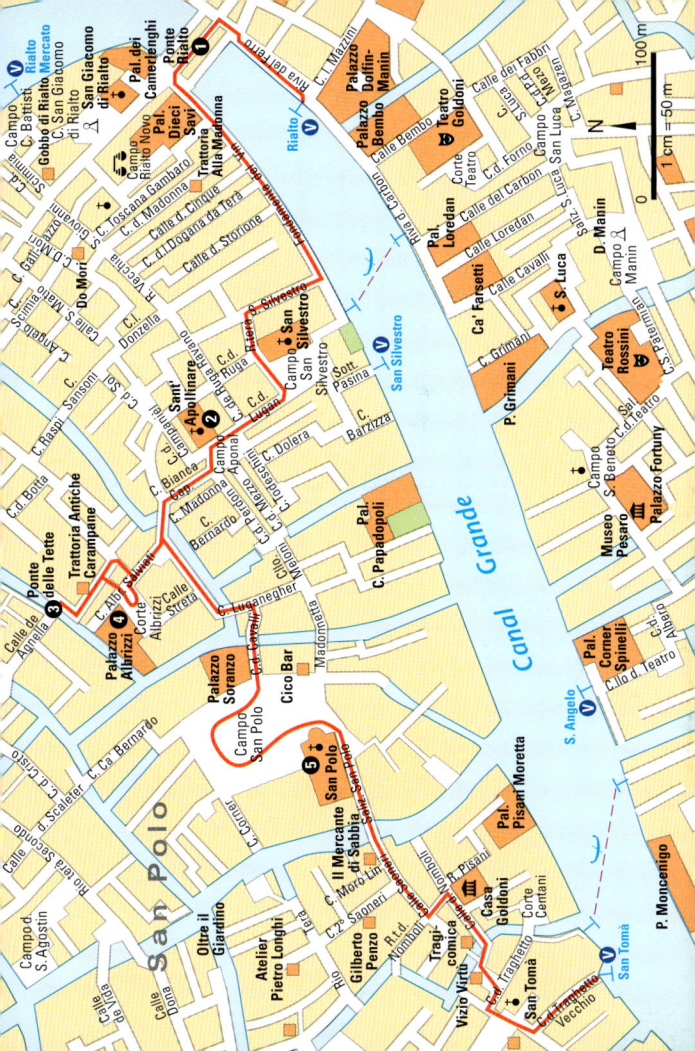

Glanzlichter venezianischer Malerei

mittel

*Campo San Polo → *San Polo → Casa Goldoni → Campo San Tomà → Scuola dei Calegheri → *Santa Maria Gloriosa dei Frari → *Scuola Grande di San Rocco

Durch enge Gässchen geht es, vorbei am Geburtshaus des Komödiendichters Carlo Goldoni, zu einer der beeindruckendsten Kirchen Venedigs: der Frari-Kirche, Grabstätte Tizians. Nicht weniger spektakulär: die vis-à-vis gelegene Scuola Grande di San Rocco, die auf ewig mit dem Namen Tintoretto verbunden ist.

Start:	**V** San Tomà (1, 2, N)
Ziel:	**V** San Tomà (1, 2, N)
Wann:	jederzeit möglich; sonntags öffnet die Frari-Kirche jedoch erst am Mittag

Er ist das Herzstück des gleichnamigen Sestiere (des Stadt-sechstels): der ***Campo San Polo** (s. S. 33). Cafés und Restaurants laden nach der Besichtigung der Kirche ***San Polo ❶** (s. S. 34) zu einer Pause ein. Anschließend führt der Weg vorbei an der **Casa Goldoni ❷**, dem Geburtshaus des noch heute populären venezianischen Komödien-dichters Carlo Goldoni (1707–1793). Ein kleines Museum informiert über sein Leben und Werk, angeschlossen ist eine theater-wissenschaftliche Bibliothek (tgl. 10–17, im Winter bis 16 Uhr). Schleckermäuler sollten

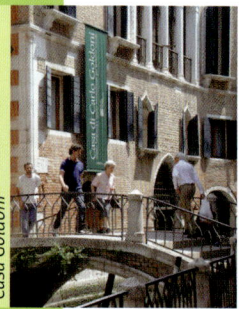

Casa Goldoni

am Campiello San Tomà bei **Vizio Virtù** (s. Shopping, S. 143) einen Stopp einlegen.

Von hier sind es nur ein paar Schritte zum kleinen **Campo San Tomà** mit der Kirche **San Tomà ❸** aus dem Jahr 1742. Unmittelbar vor der Bibliothek der ehemaligen **Scuola dei Calegheri ❹**, der Laienbruderschaft der Schuster, kann man in die **Trattoria San Toma** (bisweilen Di geschl., ○○) einkehren und mit Blick auf die schöne Fassade der Kirche gut venezianisch essen.

Von hier ist es nur ein Katzensprung zu einer der bedeutendsten Kirchen Venedigs: der *Santa Maria Gloriosa dei Frari ❺**. Der monumentale Backsteinbau samt seinem auffälligen Glockenturm, zweithöchster der Stadt, wurde im 14./15. Jh. vom Bettelorden der Franziskaner erbaut, was seine Schlichtheit erklärt. Im Inneren der Kirche sind viele Honoratioren der Stadt beigesetzt, darunter der Doge Giovanni Pesaro (1589–1659). Hier kann von Schlichtheit allerdings keine Rede mehr sein: Pesaros Grabmal, erkennbar an

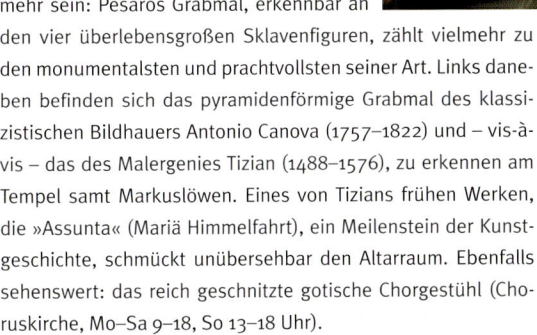

Santa Maria Gloriosa dei Frari

den vier überlebensgroßen Sklavenfiguren, zählt vielmehr zu den monumentalsten und prachtvollsten seiner Art. Links daneben befinden sich das pyramidenförmige Grabmal des klassizistischen Bildhauers Antonio Canova (1757–1822) und – vis-à-vis – das des Malergenies Tizian (1488–1576), zu erkennen am Tempel samt Markuslöwen. Eines von Tizians frühen Werken, die »Assunta« (Mariä Himmelfahrt), ein Meilenstein der Kunstgeschichte, schmückt unübersehbar den Altarraum. Ebenfalls sehenswert: das reich geschnitzte gotische Chorgestühl (Choruskirche, Mo–Sa 9–18, So 13–18 Uhr).

Verlässt man die Frari-Kirche wieder, hat man die Wahl: Den Rio dei Frari überquerend, läuft man direkt auf das winzige **Caffè dei Frari** zu. Wer sich für historische Kostüme interessiert, sollte hier nach rechts abzweigen und das **Atelier Pietro Longhi** (s. Shopping, S. 142) besuchen, das in Venedig legendär ist.

Auf der anderen Seite der Frari-Kirche gelangt man zu einem weiteren Pilgerziel für Kunstfreunde: der ***Scuola Grande di San Rocco ❻**. In den sogenannten *scuole,* von denen es allein in Venedig 60 gegeben hat, waren Gewerbetreibende organisiert, die sich auch wohltätigen Zwecken widmeten. Und da die Geschäfte florierten, errichtete man nicht nur große Versammlungshäuser, gegliedert in einen Empfangsraum im unteren Stockwerk und einen Saal samt Nebenräumen im oberen Geschoss, sondern ließ diese auch von den besten Malern der Stadt ausschmücken. Die Laienbruderschaft des Hl. Rochus engagierte nach Ausschreibung eines Wettbewerbs Tintoretto (1518–1594), der mehr als 20 Jahre an dem Bilderzyklus arbeitete, der seither den prunkvollen Renaissancepalast schmückt. Insgesamt 56 Gemälde schuf der Meister hier – vom Erdgeschoss bis in die

Sala dell'Albergo. Düster in den Farben, dramatisch in der Bewegung, überwältigend in der Gesamtschau (Ende März–Anfang Nov. 9.30–17.30 Uhr).

Wem die Überfülle an Eindrücken Lust auf schlichte Genüsse gemacht hat, der sollte sich anschließend in der **Gelateria Millevoglie di Carolo Tarcisio** am Platz ein Eis gönnen – einfach himmlisch!

Tour im Anschluss: 15

Ehemalige Garteninsel Giudecca

mittel

*Il Redentore → Chiesa della Croce → Università Internazionale dell'Arte → Casa dei Tre Ochi → Chiesa delle Zitelle**

Die Uferpromenade der Giudecca gilt zu Recht als eine der schönsten Flaniermeilen Venedigs, hat man von hier aus doch das ganze Stadtensemble samt Markusplatz im Blick. Doch auch auf der von Gärten durchzogenen Insel selbst gibt es großartige Bauwerke, wie die Redentore-Kirche.

Start: Ⓥ Redentore (2, 4.1, 4.2, N)
Ziel: Ⓥ Zitelle (2, 4.1, 4.2, N)
Wann: jederzeit, besonders reizvoll am Abend, wenn die Kirchen vis-à-vis in blassem Grün erstrahlen

Als ruhiger Wohnort gewinnt die lang gestreckte Insel Giudecca, an deren Westseite sich unübersehbar der Backsteinkomplex des Molino Stucky erhebt (einst Getreidemühle einer Nudelfabrik, nun Hilton), zunehmend an Bedeutung. Bezahlbarer Wohnraum, weniger Rummel, dazu das Grün zahlreicher Gärten: Die Vorzüge dieser etwas abseitigen Wohnlage liegen auf der Hand.

Hinterhofidylle

Das mögen die Insassen des Gefängnisses, das sich hier ebenfalls befindet, allerdings etwas anders sehen. Ob der Name »Giudecca« sich von *giudicati* (Verurteilte) oder von *giudei* (Juden), die hier vor ihrer Umsiedlung ins Getto von Cannaregio ansässig waren, ableitet, ist bis heute umstritten. Nicht aber, dass sich Venedigs High Society hier einst Sommerhäuser erbauen ließ, die von herrlich grünen Gärten umgeben waren, eine wohltuende Abwechslung zu den von schwüler Hitze erfüllten Palazzi im Zentrum Venedigs. Heute prägen neben den fantastischen Palladio-Bauten v. a. kleine Industriebetriebe und Werften, die überwiegend am südlichen Ufer der Insel angesiedelt sind, den Charakter der Giudecca.

Wer den Uferkai nicht auf seiner gesamten Länge ablaufen möchte, der kann z. B. bis Redentore übersetzen. Unmittelbar hinter der Vaporettostation erhebt sich die Tempelfront von *Il Redentore ❶ (Choruskirche), Venedigs zweiter Pestkirche neben Santa Maria della Salute. Der Senat hatte im Jahr 1576 gelobt, zu Ehren des Erlösers *(il redentore)* eine Kirche zu errichten, sollte die Stadt alsbald von der Pest befreit werden, an der insgesamt rund 50 000 Menschen starben. Andrea Palladio wurde mit dem Entwurf beauftragt. Und tatsächlich: Im Jahr der Grundsteinlegung, 1577, wurde das letzte Pestopfer zu Grabe getragen. Jedes Jahr am 3. Sonntag im Juli wird im Rahmen des Redentore-Festes, bei dem eine Pontonbrücke die Giudecca mit den Zattere verbindet, an das Ende der Epidemie erinnert. Läuft man weiter den Kai entlang, an dem sich einige wenige Lokale, Geschäfte und Cafés befinden, kann man an der nächsten Brücke einen Schlenker zur 1806 aufgegebenen **Chiesa della Croce ❷** einlegen. Die einstige Klosterkirche liegt verlassen inmitten eines verwilderten Areals. Der Klosterkomplex diente im Lauf der Zeit als Gefängnis, Lagerhaus und Staatsarchiv. Ins Innere gelangt man allerdings nicht mehr. Wieder zurück am Ufer, biegt man direkt hinter dem Ostello di

Il Redentore

Am Giudecca-Kanal

Venezia in die schmale, dunkle Gasse ein, die einen, vorbei an modernen Wohnbauten mit kleinen Gemüsegärtchen, zur **Università Internazionale dell'Arte ❸** bringt. Einer jener verwunschenen Gärten, die einst für die Giudecca typisch waren, umgibt die Villa Herriott, in dieser Universitätszweig untergebracht ist.

Wieder zurück auf den Fondamente, bummelt man mit Blick über den Giudecca-Kanal, durch den manchmal gigantische Kreuzfahrtschiffe gezogen werden (übrigens sehr zum Unmut der Venezianer, die die schwimmenden Hochhäuser aus der Lagune verbannen wollen),

Casa dei Tre Ochi

Richtung Zitelle. Hinter der Vaporettostation Zitelle befindet sich mit dem »Haus der drei Augen«, der **Casa dei Tre Ochi ❹**, eine 1913 erbaute Villa, in der nun ein Kulturzentrum untergebracht ist, das interessante Ausstellungen zeigt (Mo–Fr 10–19, Sa 10–22 Uhr).

Ein weiterer Palladio-Bau ist die **Chiesa delle Zitelle ❺** mit ihrer eindrucksvollen Fassade. Früher befand sich hier eine Art Pensionat für unverheiratete Mädchen aus armen Verhältnissen *(zitelle)*. Sie fertigten zum Broterwerb Klöppelspitzen an, die als besonders qualitätvoll galten. Heute finden in dem ehemaligen Gotteshaus Wechselausstellungen statt.

Ein Stück weiter lädt, ganz stimmungsvoll über dem Wasser, das Restaurant des uneinsehbar sich rückseitig erstreckenden Spitzenhotels **Cipriani** ein. Wesentlich günstiger speist man im einfachen **Al Storico da Crea** nahe der Redentore-Kirche.

Touren im Anschluss: 2, 4, 10, 13, 23, 24

kurz

Klosterinsel San Giorgio Maggiore

*San Giorgio Maggiore → *Campanile → Teatro Verde → Benediktinerkloster → Jachthafen

Im gleißenden Sonnenlicht wirkt die Silhouette der vorgelagerten Klosterinsel San Giorgio Maggiore geradezu magisch schön. Dabei bezaubert der von Palladio gestaltete Kirchenbau nicht nur von außen – das Innere birgt mit dem »Abendmahl« eines der berühmtesten Tintoretto-Gemälde. Und vom Campanile aus genießt man einen atemberaubenden Blick auf Venedig und die Lagune.

Start:	**Ⓥ** San Giorgio (2, N, VA)
Ziel:	**Ⓥ** San Giorgio (2, N, VA)
Wann:	**Klosterbesichtigung nur am Wochenende möglich; zwischen 12.30 und 14.30 Uhr bleibt der Campanile manchmal geschlossen**

Im Jahr 982 stiftete der damals amtierende Doge Memmo den Benediktinern ein Kloster auf der Insel San Giorgio Maggiore, das sich zu einer der bedeutendsten Niederlassungen des Ordens in Italien entwickelte. 1109 gelangte es in den Besitz der Reliquien des Heiligen Stephanus und zog damit Pilgerströme an. Eine Zeit der Prosperität setzte ein, die Ordensleute erwarben Besitztümer und trugen eine beachtliche Bibliothek zusammen. Doch Ende des 18. Jhs. bemächtigte sich Napoleon des klösterlichen Besitzes, 1806 wurde der Orden schließlich aufgelöst, im 19. Jh. die Klosteranlagen durch die österreichischen Besatzer zweckentfremdet.

1951 erwarb dann Vittorio Cini, Großunternehmer, Senator und unter Mussolini zeitweilig Verkehrsminister, die Insel, um sich dort nach dem tragischen Flugzeugabsturz seines Sohnes 1949 ganz dem Mäzenatentum zu widmen. Er rief die Fondazione Cini ins Leben, die auf San Giorgio Maggiore ein Studienzentrum unterhält. Gegenwärtig le-

Klosterinsel im Abendlicht

ben noch elf Menschen ständig auf der Insel, die im Rahmen eines Ausflugs besucht werden kann – und wiederholt für Kongresse genutzt wurde, z. B. 1981, als hier der Weltwirtschaftsgipfel stattfand.

Die Kirche *San Giorgio Maggiore ❶ samt dem dahinter aufragenden schlanken Glockenturm, quasi das Pendant zum Campanile auf dem Markusplatz, zählt zu den beliebtesten Fotomotiven Venedigs. 1565 erhielt Andrea Palladio den Auftrag, an der Stelle des baufällig gewordenen Vorgängers einen Neubau zu errichten. Doch erst 1610,

Kirche San Giorgio Maggiore

30 Jahre nach seinem Tod, wurde die Kirche vollendet – exakt nach seinen Plänen. Diese sahen eine Tempelfassade mit Säulen und Dreiecksgiebel vor, ein atemberaubendes Entree, das auch die Grabmäler der Dogen Memmo und Ziani beinhaltet. Im hellen, dreischiffigen Innenraum verdienen zwei Werke besondere Beachtung: Tintorettos »Abendmahl«, eines seiner ganz späten Werke, das an der rechten Seite des Presbyteriums hängt und bei näherer Betrachtung in Bewegung zu sein scheint: Je nach Standpunkt des Betrachters nimmt der Abendmahlstisch eine andere Position ein. Am Hochaltar befindet sich eine

Bronzegruppe von Girolamo Campagna (1591–1593): Vier Evangelisten tragen die goldene Weltkugel, auf der Gottvater in segnender Haltung dargestellt ist.

Blick vom Campanile

Wendet man sich nach links, so kommt man am kleinen Kassenhäuschen vorbei zum Aufzug, der einen auf den 1791 erbauten *Campanile ❷ befördert (im Sommer tgl. 9–18, im Winter 9–17 Uhr). Von dem 70 m hohen Aussichtsbalkon auf dem Kirchturm genießt man eine wunderbare Sicht über die Insel, auf die Klosteranlagen und das kleine **Teatro Verde ❸** (Amphitheater), das immer wieder für Kulturveranstaltungen genutzt wird. Ungehindert schweift der Blick über die Lagune, das San Marco-Becken, die Stadt Venedig und an klaren Tagen sogar bis zu den schneebedeckten Alpen.

Das angrenzende **Benediktinerkloster ❹** mit seinen idyllischen Kreuzgängen, den Gärten, dem Refektorium, Dormitorium und der Bibliothek ist nur im Rahmen einer Führung zu besichtigen (Sa, So 10–17 Uhr, Tel. 04 12 20 12 15, www.cini.it).

Wer noch Lust und Zeit hat, schlendert zum seitlich gelegenen kleinen **Jachthafen ❺**, in dem in den Sommermonaten Dutzende von Segelbooten vor Anker liegen. In der kleinen **Bar San Giorgio** (tgl. bis 18 Uhr) kann man mit herrlichem Blick auf San Marco und die Kirche Santa Maria della Pietà, umgeben von wohltuender Stille einen Kaffee trinken oder ein Erfrischungsgetränk genießen, ansonsten gibt es keine Gastronomie auf der Insel. Die Besichtigung endet hier, weitere Teile der Klosterinsel sind für Besucher nicht zugänglich.

Touren im Anschluss: 2, 4, 9, 23, 24

Bacino
di San Marco

Campo
San Giorgio
Maggiore

Bacino

5 Jachthafen

V
San Giorgio

1
San Giorgio
Maggiore

□ **Campanile**
2

Bar San Giorgio

4 Benediktiner-
kloster

Fondazione
Cini

Canale di S. Giorgio

Isola di
San Giorgio
Maggiore
(Klosterinsel)

Teatro Verde
3

Isola della
Giudecca

N

0   100 m

1 cm = 50 m

lang

Belle Époque und Filmstars: auf dem Lido

Jüdischer Friedhof → Planetarium → *Grand Hotel Des Bains → *Palazzo del Cinema → *Palazzo del Casinò → *Grand Hotel Excelsior

Hier logierte schon zu Beginn des 19. Jhs. die Hautevolee: auf dem 12 km langen Sandstreifen, der die Lagune vom Meer trennt. Prachtvolle Villen erinnern an die glanzvollen Zeiten von einst. Jahr für Jahr kehrt ein wenig vom einstigen Glamour zurück: wenn die Prominenz zu den Filmfestspielen auf den Lido reist.

Start: Ⓥ Lido S.M. Elisabetta (1, 14L, 2, 5.1, 5.2, 6, 10, 14, N)
Ziel: Ⓥ Lido S.M. Elisabetta (1, 14L, 2, 5.1, 5.2, 6, 10, 14, N)
Wann: **am besten tagsüber, dann kann man im schwül-heißen Sommer ein Bad im Meer nehmen**

Wie ein Riegel schiebt sich der Lido in die Lagune und schützt Venedig wirkungsvoll vor Stürmen und Flutwellen. Schon Mitte des 19. Jhs. fanden sich die ersten Gäste ein, um an dem langen flachen Sandstrand den Sommer zu verbringen – meist wohlhabende Nordeuropäer. Um die Jahrhundertwende avancierte der Lido zum Nobelseebad – luxuriöse Hotels, Prachtvillen aus der Belle Époque und herrliche grüne Parkanlagen erinnern an diese glanzvolle Zeit. Hotels wie das »Excelsior« und das »Des Bains«, dem Viscontis Verfilmung der Thomas-Mann-Novelle »Tod in Venedig« Unsterblichkeit verliehen hat, verströmen noch immer einen Hauch der einstigen Grandezza. Bis heute ist der Lido ein beliebtes Naherholungsziel geblieben, wenngleich es in erster Linie Familien mit Kindern sind, die sich am Strand aalen und die Pizzerien und Fast-Food-Läden stürmen.

Die folgende Tour sollte man wegen der relativen weiten Wege besser mit dem **Fahrrad** unternehmen, in der Nähe des Vaporetto-anlegers gibt es einen Verleih. Wer zu Fuß unterwegs ist, sollte während der heißen Sommermonate auf den Schlenker zum Jüdischen Friedhof verzichten.

Mit dem Rad unterwegs

Einen Eindruck vom quirligen hochsommerlichen Geschehen bekommt, wer vom Vaporettoanleger den breiten **Gran Viale Santa Maria Elisabetta** hinunterläuft, einst der Prachtboulevard des Lido. Heute befinden sich hier neben herrschaftlichen Villen und Hotelpalästen wie dem »Grande Albergo Ausonia & Hungaria« zahlreiche Restaurants und Cafés.

Über die Via Cipro gelangt man zum **Jüdischen Friedhof ❶**, der bereits im 14. Jh. gegründet wurde. Das älteste erhaltene Grabdenkmal stammt aus dem Jahr 1389 (April–Sept. So–Fr 9.30–12.30, 15–18.30, sonst 9.30 bis 14.30 Uhr; Infos zu Führungen im Jüdischen Museum, s. S. 78). Wendet man sich nun nach Süden, erreicht man nach Kurzem den legendären Strandbereich.

Jüdischer Friedhof

Der **Lungomare D'Annunzio** führt, vorbei am großen **Planetarium ❷** (Okt.–Mai So 16 Uhr, Eintritt frei), zur riesigen Strandterrasse samt Seebrücke (Restaurant, Dusche). Von hier aus kann man den weitläufigen Strand mit seinen *stabilimenti,* den typischen Badehäusern, bestens überblicken. Ein Stück weiter liegt das berühmte **Grand Hotel Des Bains ❸*, Schauplatz von Viscontis Filmklassiker »Tod in Venedig«. Nach einem Brand vor

Palazzo del Cinema

Grand Hotel Excelsior

einigen Jahren wird die Luxusherberge zurzeit in eine Apartmentanlage verwandelt.

Läuft man nun weiter den Strand entlang (oder radelt entlang der Straße), erreicht man den ***Palazzo del Cinema** ❹, wo sich Jahr für Jahr Ende August/Anfang September die Stars und Sternchen aus dem Filmgeschäft ein Stelldichein geben. Zwölf Tage lang halten die Internationalen Filmfestspiele von Venedig Cineasten in Atem, bevor wieder Ruhe einkehrt. Ebenfalls am Platz befindet sich der ***Palazzo del Casinò** ❺, früher die Sommerresidenz des Spielcasinos von Venedig. Mittlerweile finden in dem Komplex Tagungen und andere Veranstaltungen statt. Von hier ist es nur ein Katzensprung zum stilvollen ***Grand Hotel Excelsior** ❻, in dem während der Filmfestspiele zahlreiche Stars logier(t)en, darunter Greta Garbo, Marlene Dietrich, Paul Newman und Kirk Douglas.

Statt am Strand zurückzulaufen, kann man auch dem Weg im Inselinneren folgen, der an wunderschönen Villen, herrlichen Gartenanlagen und stillen Kanälen entlangführt. Im Sommer, wenn der Oleander in voller Blüte steht, ein Genuss! Wer mit dem Rad unterwegs ist, sollte darauf achten, dass am Ende ein Teil der Strecke Einbahnstraße ist, bevor man über eine Fußgängerzone wieder auf den **Gran Viale Santa Maria Elisabetta** stößt. Gemütlich und gut essen kann man im **Al Mercà** (Via Enrico Dandolo 17a, Mo geschl., ⚪⚪), das für seine hervorragenden Fischgerichte bekannt ist.

Touren im Anschluss: 2, 3, 4, 23, 24

Die Kunstmeile

lang

*Galleria dell'Accademia → *Collezione Peggy Guggenheim → *Santa Maria della Salute → *Punta della Dogana → Magazzini del Sale → Santa Maria dei Gesuati

Kunstfreunde werden diesen Spaziergang mehrmals unternehmen. Denn dicht gedrängt liegen hier Kunsttempel von Weltrang, die neben venezianischer Malerei auch Meisterwerke der klassischen Moderne und zeitgenössische Kunst präsentieren.

Start:	**V** Accademia (1, 2, N, VA)
Ziel:	**V** Accademia (1, 2, N, VA)
Wann:	**dienstags bleiben das Guggenheim-Museum und die Punta della Dogana geschlossen**

Dorsoduro zählt zu den schönsten Sestiere Venedigs. Längst nicht so überlaufen wie San Marco, bieten sich dem kunstsinnigen Publikum hier ebenfalls fantastische Museen und Sammlungen, zugleich beste Shoppingmöglichkeiten und am Abend lauschige Restaurants und Enotheken. Studenten und Venezianer prägen nach wie vor die Atmosphäre dieses Stadtteils, der mit seinen Zattere der Riva degli Schiavoni Konkurrenz macht.

G. dell'Accademia

Die aus einer Kunstakademie hervorgegangene ***Galleria dell'Accademia ❶** zählt zu den wichtigsten Museen Venedigs. Sie präsentiert in insgesamt 24 Sälen Meisterwerke der venezianischen Malerei von der Gotik bis zum Rokoko (Mo 8.15–14, Di–So

8.15–19.15 Uhr). Nach dem Museumsbesuch kann man sich direkt an der Accademia-Brücke in der **Accademia Foscarini** mit köstlichen *tramezzini* stärken (○○).

Accademia Foscarini

Der Gasse parallel zum Canal Grande folgend, gelangt man in wenigen Minuten zu einem weiteren spektakulären Kunsttempel: der ***Collezione Peggy Guggenheim ❷**. Die Sammlung moderner Kunst, darunter Werke von Chagall, Klee, Mondrian und Picasso, ist im Wohnhaus der amerikanischen Kunstsammlerin und -mäzenin Peggy Guggenheim (1898–1979) untergebracht, dem unvollendet gebliebenen Palazzo Venier dei Leoni (tgl. außer Di 10–18 Uhr). Auf dem Weg dorthin passiert man eine Reihe hervorragender Kunstgalerien, besondere Aufmerksamkeit verdient **Loris Marazzi** (s. Shopping, S. 141), der ungewöhnliche Holzobjekte anbietet.

Folgt man der schmalen Gasse weiter, öffnet sich hinter der Brücke über den Rio della Salute plötzlich ein wunderbarer Kirchplatz vor einem, in den letzten Jahren abends wiederholt Treffpunkt für Tangotänzer. Hier erhebt sich die Barockkirche ***Santa Maria della Salute ❸**, erbaut in Erfüllung eines Gelöbnisses, das im Jahre 1630 der amtierende Doge an die Madonna gerichtet hatte mit der Bitte, der schon lange wütenden Pestepidemie endlich ein Ende zu setzen. »La Salute« ist ein Meisterwerk Baldassare Longhenas und ein imposanter Blickfang, auch vom Canal Grande und von San Marco aus (tgl. 9–12, 15–17.30 Uhr).

Santa Maria della Salute

An der *Punta della Dogana, der Zollspitze, wurden früher alle Waren verzollt, die auf dem Seeweg nach Venedig gelangten. Seit 2009 befindet sich nach umfassenden Umbauarbeiten

Punta della Dogana

durch den Stararchitekten Tadao Ando hier das **Museum für zeitgenössische Kunst ❹**, das wie der Palazzo Grassi (s. S. 24) Kunstwerke aus der privaten Sammlung François Pinault präsentiert (tgl. außer Di 10–19 Uhr, www.palazzograssi.it).

Um die Spitze herum beginnt die Riva delle Zattere, die lange Flaniermeile, die einen wunderschönen Blick auf die vorgelagerte Insel Giudecca bietet. Das Restaurant **Lineadombra** (s. S. 134) besitzt eine Terrasse über dem Wasser. Besonders stimmungsvoll speist man hier am Abend mit Blick auf die beleuchtete Redentore-Kirche. Vorbei an den **Magazzini del Sale ❺**, den alten Salzspeichern, in denen Wechselausstellungen stattfinden, und dem **Aldo Rossi-Theater,** gelangt man zur aus dem 15. Jh. stammenden Kirche **Spirito Santo ❻**. Direkt daneben befindet sich das **Ospedale degli Incurabili ❼**, in dem früher unheilbar Kranke und Aussätzige Aufnahme fanden und das später zu einem Waisenheim umfunktioniert wurde. Es folgen zwei weitere Kirchen: **Santa Maria del Rosario o dei Gesuati ❽** (Choruskirche) mit einem herrlichen Deckenfresko von Tiepolo und **Santa Maria della Visitazione ❾**. Hier ist noch einer jener Briefkästen zu sehen, die früher zur Denunziation missliebiger Personen an die Staatsorgane installiert wurden.

Über den sommers von blühendem Oleander gesäumten Rio terà Antonio Foscarini läuft man Richtung Accademia zurück.

Touren im Anschluss: 2, 3, 4, 23, 24

Hinein ins Studentenleben

mittel

Zattere → Santa Maria della Visitazione → Gondelwerft → Campo San Barnaba → Campo Santa Margherita → *Scuola Grande dei Carmini → Zattere

Dank des studentischen Flairs eines der sympathischsten Viertel der Stadt. Beschaulich am Tage, erwachen die Kneipen rund um Campo Santa Margherita und Campo San Barnaba am Abend zu neuem Leben. Neben den beiden Plätzen, die zu den schönsten der Stadt gehören, führt der Weg vorbei an Venedigs letzter Gondelwerft und der sehenswerten Scuola Grande dei Carmini.

Start:	Ⓥ Zattere (2, 5.1, 5.2, 16, N)
Ziel:	Ⓥ San Basilio (2, 5.1, 5.2, 6, N)
Wann:	jederzeit, besonders empfehlenswert an lauen Sommerabenden

Sie zählen zu den beliebtesten Flaniermeilen der Stadt: die **Zattere,** der breite Kai, der sich von der Punta della Dogana in Richtung Fährhafen erstreckt. Vor allem am Abend, wenn die Kirchen der vis-à-vis gelegenen Giudecca-Insel angestrahlt sind, ein herrliches Plätzchen zum Schlendern. Touristen sind hier eindeutig in der Minderheit, stattdessen be-
stimmen die Venezianer das Bild des abend-
lichen *corso.* Doch dieser Weg führt weg von
den Zattere, hinein in das lebendige Uni-
versitätsviertel. Hat man die Kirche **Santa
Maria della Visitazione ❶** (s. S. 54) passiert,

Zattere

sollte man sich bei **Gelato Nico** ein Eis gönnen, bevor man rechts abbiegt und den Fondamenta Nani folgt. Linker Hand, auf der anderen Kanalseite, erblickt man in der unscheinbaren Holzhütte am Squero eine **Gondelwerft ❷**, eine der letzten Venedigs. Hier werden nicht nur neue Gondeln gebaut, sondern auch die im Einsatz befindlichen repariert. An der Brücke, die zum Campo

Gondelwerft

San Trovaso führt, befindet sich mit der **Enoteca Al Bottegon ❸** (tgl. bis ca. 21 Uhr) eines der traditionsreichsten und schönsten Weinlokale Venedigs. Hier sollte man es den Einheimischen gleichtun und gegen Abend auf ein Glas kühlen Weißen mit *cicchetti* einkehren. Überquert man die Brücke und schlendert über den **Campo San Trovaso** mit der gleichnamigen, ursprünglich aus dem 11. Jh. stammenden Kirche **San Trovaso ❹** (Mo–Sa 15–18 Uhr), die mit dem »Abend-

Enoteca Al Bottegon

mahl« ein bedeutendes Werk Tintorettos besitzt, gelangt man zum Rio Ognissanti. Auf der anderen Seite des Kanals befindet sich die oft bis spät in den Abend geöffnete und hell erleuchtete Universitätsbibliothek. Der Weg zweigt hinter der Brücke in die stille Eremite ab, ganz am Ende befindet sich linker Hand das **Kloster der Eremitinnen.** Von der idyllischen Gasse – vis-à-vis lockt das Künstlerlokal **Montin** (○○) mit Garten – ist man im Nu am **Campo San Barnaba** mit der im 18. Jh. erbauten Kirche **San Barnaba ❺**, die heute für Ausstellungen genutzt wird. An lauen Sommerabenden herrscht buntes Treiben am Campo, Cafés, Restaurants und Eisdielen laden zum Verweilen ein. Eines der beliebtesten Lokale ist das immer bis auf den letzten Tisch besetzte **Casin dei Nobili** (s. Restaurants, S. 133), das man auf dem Weg zum Campo San Barnaba passiert. Dort führt dann links der **Ponte dei Pugni ❺**, die »Brücke der Faustkämpfe«, über den Rio San Barnaba. Hier lieferten sich, schenkt man einem Gemälde in der Galleria dell'Accademia Glauben, ab dem Mittelalter die reicheren Castellani, die im Osten ansässigen Bürger, mit den ärmeren Nicolotti, den Bewohnern der Westseite, derbe Schlägereien. An der Brücke liegt das voll beladene **Gemüseschiff** vor Anker, das aber auf keinen Fall ablenken sollte von

Gemüseschiff

Bressanello Artstudio (s. Shopping, S. 139) mit fantastischen Venedig-Fotos. In Sichtweite liegt der **Campo Santa Margherita** mit seinen zahlreichen Lokalen – eines davon ist das »rote« **Il Caffè —**, einer der lebendigsten Treffpunkte der venezianischen Jugend am Abend. In der Mitte des Platzes fällt die **Scuola dei Varoteri ❼** auf, die ehemalige Bruderschaft der Färber und Gerber. An der Fassade informiert eine historische Inschrift darüber, wie groß die Fische zu sein hatten, die hier einst verkauft wurden. Wendet man sich nach Westen, stößt man auf die ***Scuola Grande dei Carmini ❽** mit fantastischen Deckengemälden von Tiepolo im Obergeschoss (tgl. 11–16 Uhr). Daneben liegt die Kirche **Santa Maria dei Carmini ❾** aus dem 13./ 14. Jh., deren Dimensionen beim Betreten wahrlich überraschen (tgl. 7.30–12, 14.30–19 Uhr). Überraschend andere Produkte findet man bei **Aqua Altha,** einem Fachgeschäft für fairen Handel (Mo–Sa 9.30–12.30, 16–19.30 Uhr). Zurück an den Zattere, kann man im **Ae Oche** (s. S. 135) gut und günstig Pizza essen.

Touren im Anschluss: 9, 10

mittel

Im stillen Westen

Piazzale Roma → San Nicolò da Tolentino → *San Nicolò dei Mendicoli → Chiesa dell'Angelo Raffaele → *San Sebastiano → Zattere

Kaum ein Tourist verirrt sich in diese stille, abgelegene Gegend Venedigs, die – schon den nahe gelegenen Fährhafen erahnend – weit weniger pittoresk daherkommt als die meisten anderen Stadtteile. Und doch – auch hier wartet so manche Überraschung. Eine davon ist die Kirche San Nicolò dei Mendicoli, einst geistiger Zufluchtsort der Bettelmönche.

Start:	Ⓥ Piazzale Roma (1, 2, 3, 4.1, 4.2, 5.1, 5.2, N)
Ziel:	Ⓥ San Basilio (2, 5.1, 5.2, 6, N)
Wann:	jederzeit

Wohltuende Stille umfängt einen, wenn man dem lauten, hektischen **Piazzale Roma,** an dem die Busse vom Festland ankommen, den Rücken kehrt und über die kleine Brücke hinweg direkt den von Zikadengesang durchdrungenen **Giardino ex Papadopoli** erreicht, eine der wenigen Parkanlagen Venedigs, wo man im Sommer Zuflucht vor der Hitze und Schwüle finden kann. Rasch ist man von hier am **Campo dei Tolentini** mit der gleichnamigen Kirche **San Nicolò da Tolentino** ❶ angelangt, Grabstätte mehrerer Dogen sowie des Kardinals Francesco Morosini. Der Theatinerorden, der hier ansässig war, tat sich in der Krankenpflege hervor, kümmerte sich um Arme und v. a. um die Opfer der Pest von 1528. Als 1849 österreichische Truppen die Stadt belagerten, wurde die Kirche von einer Kanonenkugel getroffen, die durch die Decke schlug und am Hauptaltar landete. Heute ist sie in die Fassade eingearbeitet. Im einstigen Konventsgebäude der Tolentiner hat die Architekturfakultät der Universität Venedig einen ihrer Sitze.

Hat man die **Tre Ponti** überquert, die Brücke, die gleich drei Kanäle überspannt und nach der das ganze Viertel benannt ist, folgt ein längerer Wegabschnitt ohne nennenswerte Höhepunkte durch den Westen Dorsoduros, überwiegend entlang der geraden Fondamente. Man läuft durch einen stillen und auch weniger herrschaftlichen Stadtteil Venedigs, in dem man stellenweise neuere Bauten erblickt, die überall stehen könnten. Am Ende aber lockt ein kleines Juwel: die Kirche *San Nicolò dei Mendicoli ❷, deren heutige Gestalt samt Campanile auf das 12. Jh. zurückgeht (Mo–Sa 10–12, 16–18 Uhr). In dem Psychothriller »Wenn die Gondeln Trauer tragen« nach der gleichnamigen Erzählung von Daphne du Maurier war Donald Sutherland hier als Restaurator tätig. Die »Kirche der Bettler« *(mendicoli)* besitzt, genau wie San Giacomi di Rialto, einen Säulenvorbau aus dem 14. Jh. Im Inneren befinden

San Nicolò dei Mendicoli

sich, sieht man von Girolamo Brusaferros »Mahl in Emmaus« ab, keine herausragenden Kunstwerke. Das verwundert kaum, wurde die Kirche doch in erster Linie von der armen Bevölkerung Dorsoduros, einem Stadtviertel, in dem hauptsächlich einfache Handwerker und Fischer lebten, aufgesucht. Kanäle umgeben den winzigen Kirchplatz, der das Zentrum einer der ältesten Gemeinden Venedigs bildet.

C. dell'Angelo Raffaele

»Madonna mit dem Hl. Petrus«

Schon von Weitem erblickt man auf der anderen Seite des Rio di San Nicolò die zu Beginn des 17. Jhs. erbaute, weiße **Chiesa dell'Angelo Raffaele ❸** (Mo–Sa 10–12, 15 bis 17.30, So, Fei 9–12 Uhr). Kunstwerke des Malers Francesco Guardi zieren das Innere des Gotteshauses, das in der völlig untouristischen Umgebung nur wenige Besucher betreten. Auf der Rückseite, am Campo dell'Angelo Raffaele, öffnet am Abend eine Bar. Findet gerade eine Messe statt, kann man hier sein Getränk zu Orgelmusik genießen. Über das großzügige Platzensemble erreicht man die nahe gelegene Kirche *San Sebastiano ❹ (Choruskirche), in der mehrere Werke von Veronese, darunter die »Madonna mit dem Hl. Petrus«, zu bewundern sind. Der Künstler wurde in der Kirche zur letzten Ruhe getragen. San Sebastiano gehörte zu einem 1396 gegründeten Kloster samt Armenhaus, das unter Napoleon geschlossen, in späteren Jahren jedoch wieder eröffnet wurde. Heute nutzt die Universität Venedig das Gebäude. Man überquert den Rio di San Sebastian und gelangt rasch an die **Zattere** zurück. Am Campo San Basegio befindet sich die nette Pizzeria **Al Canton** (〇〇), in der man in aller Gemütlichkeit und fern des Trubels gut essen kann. Auf der anderen Seite des Giudecca-Kanals erhebt sich weithin sichtbar der Mulino Stucky, eine ehemalige Getreidemühle, die seit einigen Jahren das Hilton beheimatet.

Touren im Anschluss: 9, 10

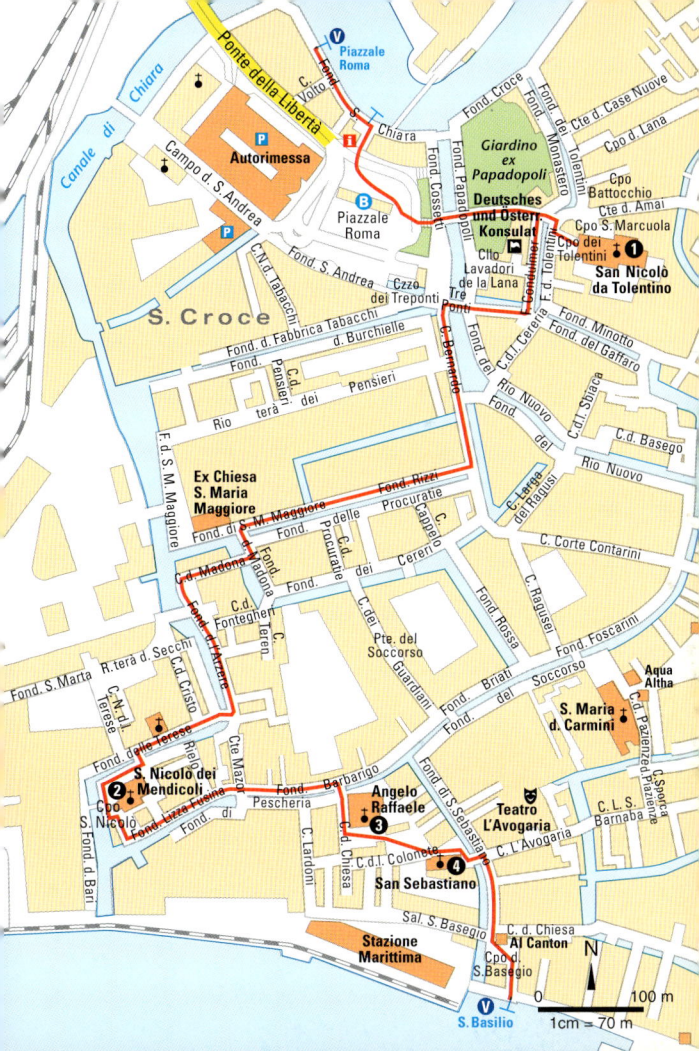

mittel

Entlang der Kanäle Santa Croces

*Santa Maria Gloriosa dei Frari → *Scuola Grande di San Rocco → San Nicolò da Tolentino → *Scuola Grande di San Giovanni Evangelista → Campo San Stin

Ein unspektakulärer Spaziergang, der mit einem weniger touristischen Teil Venedigs bekannt macht und kurz den Canal Grande streift. Auf dem Weg durch den Westen Santa Croces lohnen einige Kirchen einen kurzen Stopp – und natürlich die Scuola Grande di San Giovanni Evangelista –, bevor man am Ende der Tour am Campo San Stin auf einen Kaffee einkehren kann.

Start:	**Ⓥ San Tomà (1, 2, N)**
Ziel:	**Ⓥ San Tomà (1, 2, N)**
Wann:	**jederzeit, sonntags vormittags aber ist die Frari-Kirche geschlossen**

Den Auftakt dieser Tour bildet die eindrucksvolle Kirche und Grabstätte Tizians ***Santa Maria Gloriosa dei Frari ❶** (s. S. 37), deren Besichtigung man auf gar keinen Fall versäumen sollte. Die Kirche zählte übrigens zu den wenigen Sehenswürdigkeiten, die Rainer Maria Rilke bei seinem letzten Venedig-Aufenthalt 1920 besuchte, vollkommen hingerissen von der Tatsache, hier eines seiner absoluten Lieblingswerke, die »Assunta« von Tizian, wieder in seinem ursprünglichen Umfeld und nicht mehr nur in der Galleria dell'Accademia bewundern zu können. Nicht weniger eindrucksvoll ist die ***Scuola Grande di San Rocco ❷** (s. S. 38) mit ihrem umfangreichen Gemäldezyklus von Tintoretto. Wer anschließend noch Lust hat, kann in der Kirche **San Rocco ❸** weitere Werke des großen Renaissancemalers bewundern (tgl. 9.30–17.30 Uhr, Eintritt frei).

Anschließend führt einen ein ausgedehnter Bummel durch den nördlichen Bereich von Santa Croce. Auffallend ist hier, dass die Gassen, die Richtung Piazzale Roma führen, breiter sind als anderswo. Das hat mit den baulichen Veränderungen zu tun, die diese Ecke Venedigs im 19./20. Jh. erfahren hat.

Vis-à-vis des deutschen und österreichischen Honorarkonsulats befindet sich der **Campo dei Tolentini,** an dem sich die 1591–1593 nach Plänen Scamozzis und Palladios erbaute Kirche **San Nicolò da Tolentino ❹** erhebt. Hier, genauer gesagt, im Kreuzgang des Klosters, hat die Architekturfakultät der Universität Venedig einen Sitz. Die kleine Brücke, die einen nach

Fond. dei Tolentini

links zum Giardino ex Papadopoli und zum geschäftigen Piazzale Roma, dem Busbahnhof, bringt, lässt man links liegen und folgt stattdessen dem Rio dei Tolentini bis zum Canal Grande. Genau gegenüber dem Bahnhof Santa Lucia liegt die 1738 vollendete Kirche **San Simeon Piccolo ❺** mit ihrem markanten Säulenportikus. Sie war der letzte vollendete Kirchenbau der Republik Venedig und der erste der Stadt mit kreisförmigem Grundriss. Der grüne Kuppelbau erinnert an das römische Pantheon und ist ihm vermutlich nachempfunden.

San Simeon Piccolo

Auf der anderen Seite des Canal Grande dominiert rechter Hand die Kirche **Santa Maria degli Scalzi** (s. S. 68) das Bild.

Gemeinsam mit dem immerwährenden Strom von Besuchern, der über den Ponte degli Scalzi vom Bahnhof Santa Lucia aus in die Innenstadt Venedigs strömt, folgt man nach rechts abbiegend der Calle Lunga delle Chioverette und biegt dann nach links ab in die Calle Bergama. Jenseits der Brücke läuft man direkt auf die im Volksmund **San Simeon Grande** ❻ genannte Kirche, eigentlich San Simeone Profeta, zu. Bereits 967 hat hier ein Gotteshaus existiert, damals noch ganz aus Holz erbaut, das bei einem Brand zerstört und 1150 wieder aufgebaut wurde. Die heutige Fassade indes ist jüngeren Datums, die Säulenbasilika jedoch stammt noch aus dem 12. Jh.

Wenig später hat man die ***Scuola Grande di San Giovanni Evangelista** ❼ erreicht, eine der sechs großen venezianischen

Sc. di San G. Evangelista

scuole. Das dem Evangelisten Johannes geweihte Haus selbst ist nur im Rahmen von Konzerten, Ausstellungen und anderen Veranstaltungen zu besichtigen. Nur dann wird den Werken Tintorettos und Tiepolos, die das Gebäude schmücken, die verdiente Aufmerksamkeit zuteil. Durch ein schönes Portal samt Adler, dessen Gestaltung Pietro Lombardo zugeschrieben wird, betritt man den Innenhof. Nicht selten haben Künstler hier ihre Staffeleien vor dem Portal aufgebaut, um die eindrucksvolle Fassade auf Papier zu bannen.

Über die Calle del Tabacco gelangt man auf den gemütlichen **Campo San Stin,** wo man sich in der **Bar Il Vizietto** erfrischen kann, bevor man, vorbei an der Frari-Kirche, zum Vaporettoanleger San Tomà läuft.

Tour im Anschluss: 8

Das »Museumsviertel« am Canal Grande

lang

Bahnhof Santa Lucia → Santa Maria degli Scalzi → *San Giacomo dall'Orio → *Fondaco dei Turchi → Palazzo Mocenigo → San Stae → *Ca' Pesaro

Gleich vier Museen locken in der Kanalschleife: das Naturkunde-museum mit Funden aus der Lagune, der Palazzo Mocenigo, in dem das Leben der venezianischen High Society lebendig wird. Und die Ca' Pesaro mit dem Museum für moderne Kunst sowie dem Oriental-ischen Museum mit zahlreichen Exponaten aus Fernost.

Start:	**V** Ferrovia (1, 2, 3, 4.1, 4.2, 5.1, 5.2, N, VA)
Ziel:	**V** San Stae (1, N, VA)
Wann:	täglich außer Montag, dann nämlich bleiben die Museen geschlossen

Reichlich Trubel herrscht rund um den **Bahnhof Santa Lucia.** Auf der Bahnhofsseite, kurz vor dem Ponte degli Scalzi, erblickt man links die Kirche **Santa Maria degli Scalzi ❶**, die im Ersten Weltkrieg fast vollständig zerstört wurde. Hier wurde der letzte Doge von Venedig, Ludovico Manin, beigesetzt (tgl. 7–11.50, 16–18.50 Uhr). Über den **Ponte degli Scalzi,** vorbei an der Kirche **San Simeon Grande ❷** (s. S. 66), gelangt man zum freundlichen, baumbestandenen **Campo San Giacomo dall'Orio,** einem beliebten Treffpunkt der Venezianer. An heißen Sommertagen erfri-

Santa Maria degli Scalzi

schen sich die Kinder an dem kleinen plätschernden Brunnen, junge Mütter sitzen plaudernd beisammen, während Kinder ihre ersten wackligen Fahrversuche auf dem Rad unternehmen. Hier, nahe am Kanal, befand sich einst das **Teatro Anatomico.** Ab 1671 wurden angehende Ärzte in Anatomie unterrichtet. Angeblich gehörte der Anatomie-

Campo S. Giacomo dall'Orio

hörsaal zu den schönsten seiner Art in Europa. Ein Feuer hat ihn Anfang des 19. Jhs. unwiederbringlich zerstört. Der Platz selbst wird dominiert von der Kirche ***San Giacomo dall'Orio ❸** (Choruskirche), eine der ältesten Venedigs. Ihre Ursprünge liegen im 9. Jh., heute weist die Kirche sowohl Elemente der Romanik und der Gotik als auch der Renaissance und des Barock auf. Einige Säulen stammen ursprünglich aus Konstantinopel und sind im Rahmen des Vierten Kreuzzuges 1204 nach Venedig gelangt. Eine gute und preiswerte Restaurantadresse ist die nahe gelegene Pizzeria **Ae Oche** (Calle del Tentor; ○).

Man verlässt den Platz über die Calle Larga und biegt vor der Brücke links in die Calle del Spezier ab, die sich im Zickzack durch die Gassen schlängelt, bis man die Johannes dem Täufer geweihte Kirche **San Zan Degolà ❹** erreicht. Sie wurde unter Napoleon in ein Warenlager umfunktioniert, wodurch das ursprüngliche Bauwerk beträchtlichen Schaden nahm. Längst hält die Russisch-Orthodoxe Gemeinde hier ihre Gottesdienste ab (Mo, Di, Do 10–12 Uhr). Man geht rechts um die Kirche herum durch die Calle dei Preti und läuft direkt auf den ***Fondaco dei Turchi ❺** zu, einen überaus prunkvollen Bau, dessen repräsentative Schauseite erst vom Canal Grande aus so richtig sichtbar wird. Ursprünglich residierten hier die Herzöge von Ferrara,

69

bevor der Palazzo zum Handelssitz der türkischen Kaufleute umfunktioniert wurde. Heute informiert das **Naturkundemuseum** (Museo di Storia Naturale) über die Flora und Fauna der Lagune und zeigt interessante Funde von der Saharaexpedition eines venezianischen Wissenschaftlers (Juni–Ende Okt. Di–So 10–18, sonst Di–Fr 9–17, Sa, So 10–18 Uhr).

Am Ponte del Megio befindet sich mit dem Restaurant **La Zucca** (s. Restaurants, S. 137) eine ultimative Adresse für Vegetarier. Von hier ist man rasch am **Palazzo Mocenigo** ❻, der im Besitz einer der bedeutendsten venezianischen Familien war. Allein sieben Dogen entstammten der Familie Mocenigo. In dem anschaulich gestalteten Museum erfährt man einiges über das Leben des »Adels« im 18. Jh., wozu nicht zuletzt die aufwendigen Kostüme gehörten (Di–So 10–17, im Winter 10–16 Uhr). Geradeaus weitergehend gelangt man zum Canal Grande, an dem die Kirche **San Stae** ❼ (Choruskirche) steht, die v. a. als Konzerthalle genutzt wird. Über die kleine Eisenbrücke, durch die Arkaden und sofort wieder links durch eine sehr schmale Gasse, läuft man direkt auf die **Ca' Pesaro* ❽ zu, einen imposanten Palazzo, der die überaus sehenswerte **Galleria d'Arte Moderna**

Galleria d'Arte Moderna

mit internationaler moderner Kunst und in der oberen Etage das **Museo Orientale** beherbergt, eine Sammlung von Kunstobjekten aus dem Fernen Osten (April–Okt. Di–So 10–18, Nov.–März 10–17 Uhr). Sollte man hier das Gefühl haben, der Boden schwanke unter den Füßen, so ist das keine Einbildung. In der Tat schwanken viele Palazzi am Canal Grande.

Touren im Anschluss: 1, 17

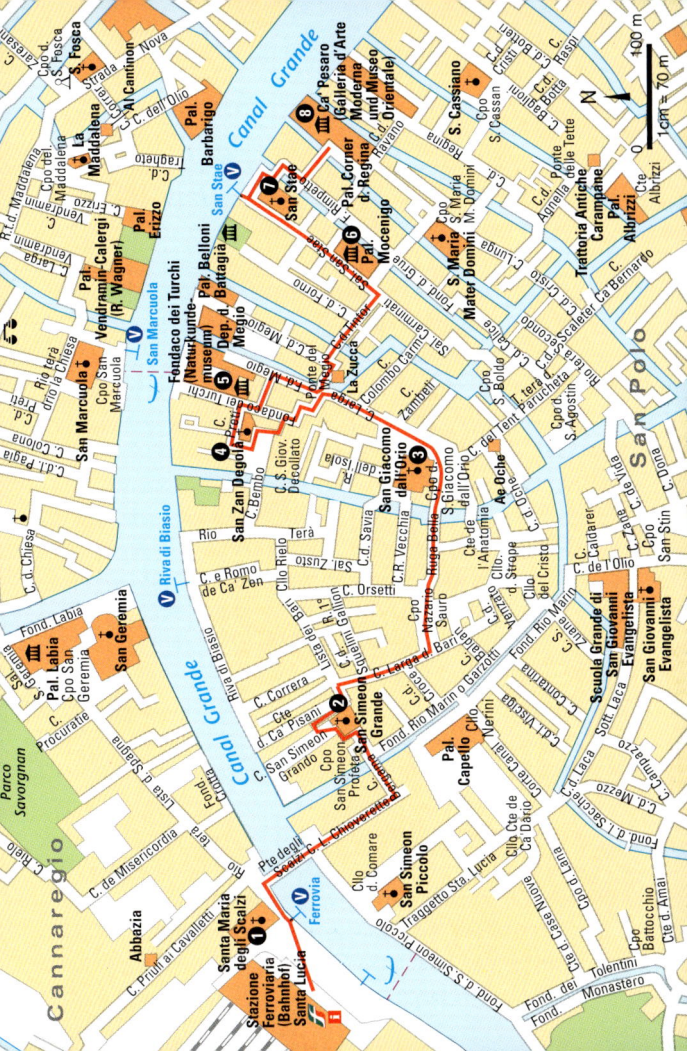

kurz

Vom Bahnhof zum Jüdischen Getto

Santa Maria degli Scalzi → ***San Geremia** → **Palazzo Labia**
→ **Ponte delle Guglie** → **Parco Savorgnan** → **San Giobbe** →
Ponte Tre Archi → ***Jüdisches Getto**

Breite Kanäle und schnurgerade verlaufende Fondamente prägen
den Stadtteil Cannaregio, in dem einst zahlreiche Händler ansässig
waren, die an den Wasserstraßen Kaffeebohnen, Stoffe und Gewürze
umschlugen. Der folgende Weg vermittelt einen ersten Eindruck des
heterogenen Stadtteils, der heute für seine stillen Ecken, ruhigen
Wohngebiete und netten Kneipen bekannt ist.

Start: ⓥ Ferrovia (1, 2, 3, 4.1, 4.2, 5.1, 5.2, N, VA)
Ziel: ⓥ Guglie (3, 4.1, 4.2, 5.1, 5.2)
Wann: jederzeit möglich; wer an einer Führung durchs
Jüdische Getto teilnehmen möchte, sollte die Tour
nicht auf einen Samstag legen

Nur noch wenige Spuren erinnern daran, dass Cannaregio vor
Jahrhunderten ein pulsierendes Handelszentrum war. Arabische
Händler bestimmten hier das Stadtbild ebenso wie Ordensleute
und die Juden im ältesten Getto Europas. Heute präsentiert sich
Cannaregio als ein weitgehend ruhiger Stadtteil mit breiten Kanälen, an deren Ufern man in aller Seelenruhe entlangbummeln
kann, und vergleichsweise wenigen Touristen.

Start dieses Spaziergangs ist der trubelige Bahnhof. Einst
stand an dieser Stelle die Kirche Santa Lucia, Mitte des 19. Jhs.
jedoch wurde sie abgerissen, denn der 1846 erbaute Eisenbahn-

damm brachte fortan Zugpassagiere direkt in die Stadt. Heute trägt der moderne Bahnhof ihren Namen: **Santa Lucia.** Bevor man den Ponte degli Scalzi erreicht, liegt zur Linken die Kirche **Santa Maria degli Scalzi ❶** mit ihrer auffallenden Fassade aus kostbarem Carrara-Marmor; in der Kirche befinden sich Werke Tiepolos (tgl. 7–11.50, 16–18.50 Uhr, Eintritt frei, s. auch S. 68).

Der belebte Rio terà Lista di Spagna führt schnurstracks zum **Campo San Geremia** mit der gleichnamigen Kirche *San Geremia ❷,** deren 43 m hoher Campanile schon von Weitem zu sehen ist. In dem Gotteshaus werden am Altar in einem gläsernen Sarg, um den man herumgehen kann, die sterblichen Überreste der Heiligen Lucia von Syrakus aufbewahrt. Von venezianischen Kaufleuten in Konstantinopel geraubt, befanden sie sich zuvor in der Kirche Santa Lucia, die für den Bahnhofsbau abgerissen wurde (tgl. 9–12, 16.30–18.30, So und Fei 9.30–12.30 Uhr).

San Geremia

Ebenfalls am Platz befindet sich der prachtvolle **Palazzo Labia ❸**, erbaut im 17./18. Jh. durch eine katalanische Familie, die sich in das venezianische Patriziat eingekauft hatte. Sein einziger Nachteil: Er lag nicht direkt am Canal Grande. Umso üppiger jedoch fiel die Innenausstattung aus: Mit der Ausschmückung des Ballsaals beauftragte die Familie niemand Geringeren als Tiepolo, der die meisterlichen Fresken schuf. Nachdem die Familie Labia ihr Vermögen verloren hatte und aus Venedig weggezogen war, wurde der Palast unterschiedlichen Nutzungen zugeführt: Er fungierte als Weberei, Sägemühle und Wohnraum für Familien. Eine kurze Glanzzeit folgte, nachdem der franko-mexikanische Ölmagnat Charles de Beistegui den Palazzo erworben und aufwendig restauriert hatte. Die feierliche Einweihung fand am 3. September 1951 bei einem Ball in historischen Kostümen statt. Seit 1964 gehört der Bau der RAI (Radiotelevisione Italiana), Italiens öffentlich-rechtlicher Rundfunkanstalt, die ihn aber längst wieder loswerden möchte.

Der **Ponte delle Guglie ❹**, der über den Canale di Cannaregio führt, ist allein wegen der fratzenhaften Gesichter am Brückenbogen sehenswert. Der Weg führt jedoch entlang des im Sommer schattenlosen Kanals. Wer mit Kindern unterwegs ist,

Parco Savorgnan

kann einen kurzen Abstecher in den **Parco Savorgnan ❺** machen und im Schatten hoher Bäume ausruhen, während der Nachwuchs sich auf dem Spielplatz vergnügt. Anschließend geht es weiter zur wenig beachteten, 1389 gegründeten Franziskanerkirche **San Giobbe ❻**, Grablege des Dogen Cristoforo Moro (Choruskirche, Mo–Sa 10–13.30 Uhr). Einige der Werke, die einst die Kirche schmückten, befinden sich heute in der Galleria dell'Accademia (s. S.52). Wer unterwegs einkehren möchte: Die **Casa Bonita** (Mo geschl., ⭕⭕⭕) bietet feinste italienische Küche, man sitzt direkt am Wasser und kann in der Ferne die Flugzeuge beim Landeanflug auf den internationalen Flughafen

Ponte Tre Archi

Marco Polo beobachten.

Anschließend überquert man den dreibogigen **Ponte Tre Archi ❼** und schlendert auf der anderen Seite des Kanals in aller Ruhe zurück bis zum ***Jüdischen Getto ❽**. Hier locken weitere Restaurants und Cafés zu einer Verschnaufpause.

Touren im Anschluss: 18, 19, 21

Tre Archi 🚊

Ponte Tre Archi ❼

San Giobbe ❻

Fondamenta

Canale

Fondamenta di

Crea Ⓥ

Canale di

Calle di Madonna

Calle di Sott-Scuro

Corte dei Verdei

Fond. del Battello

Calle di Chioverette

Calle d. Forno

Scuola Levantina

Jüdisches Getto

Ghetto Vecchio

Scuola Luzzatto ✡

Scuola Spagnola ✡

Ghetto Vecchio

Gam Gam

Gettotor ❽

Calle Bosello

Calle Candon

Rio terà d. Crea

Casa Bonita

Savorgnan

Cannaregio

Fondamenta

Fondamenta

Cannaregio

Fondamenta

Rielo

Cannaregio

Parco Savorgnan ❺

C. Vergola Cannaregio

Ponte Venier Ⓥ

Guglie

Ponte delle Guglie ❹

Saliz. S. Geremia

Sot. de Ca' Pozzo

Fondamenta Labia

🏛 **Pal. Labia** ❸

Campo San Geremia

San Geremia ❷ ⚰

Calle Procuratie

Calle

Abbazia

Calle Priuli ai Cavalletti

Calle de Misericordia

di Spagna

Lista

terà

Rio

Fondamenta Crotta

Riva di Biasio Ⓥ

Santa Maria degli Scalzi ❶ ⚰

Stazione Ferroviaria (Bahnhof) Santa Lucia 🚆 ⓘ

Ferrovia Ⓥ

Ponte degli Scalzi

Canal Grande

Riva

Biasio

di

C. San Simeon Grando

Corte de Ca' Pisani

Calle Correra

Calle Larga dei Bari

Lista

Campo San Simeon Profeta

San Simeon Grande ⚰

Fond. d. Santa Lucia

Fond. d. S. Simeon Piccolo

Campiello d. Comare

C. Lunga Chioverette

San Simeon Piccolo ⚰

C. Bergama

N

0   100 m

1 cm = 50 m

kurz

Jüdisches Getto

Gettotor → Ghetto Vecchio → Ponte di Ghetto → Ghetto Nuovo → *Gedenkstätte der Judendeportation → Holocaust-Denkmal → *Jüdisches Museum

Getto – der Begriff hat in Venedig seinen Ursprung und bedeutete Eisengießerei. 1516 wurde den Juden Venedigs per Senatsbeschluss das Gebiet der Eisengießerei in Cannaregio als Wohnstätte zugewiesen. 5000 Menschen lebten hier zeitweise in qualvoller Enge.

Start: Ⓥ Guglie (3, 4.1, 4.2, 5.1, 5.2)
Ziel: Ⓥ Guglie (3, 4.1, 4.2, 5.1, 5.2)
Wann: jederzeit; samstags und an jüdischen Feiertagen bleibt das Museum jedoch geschlossen

Auch die jüdische Bevölkerung Venedigs war im Mittelalter von sozialer und wirtschaftlicher Diskriminierung nicht ausgenommen. So durften Juden weder Seehandel treiben noch Grundbesitz erwerben. Man gestand ihnen zwar Religionsfreiheit zu, jedoch nicht die vollen Bürgerrechte; dafür lasteten umgekehrt hohe Steuerabgaben auf ihnen. Lediglich als Geldverleiher, Händler und Ärzte wurden Juden akzeptiert. Als Venedig Anfang des 16. Jhs. den Krieg gegen die »Liga von Cambrai« verlor, kam es erst zu vereinzelten Übergriffen, dann zu Pogromen gegen die Juden, die durch Kredite den Krieg auf dem Festland mitfinanziert hatten. Der Senat beschloss daraufhin 1516, alle Juden (damals rund 700 Personen) in ein eigenes Gebiet umzusiedeln: in die Eisengießerei (ital. *gheto*) in Cannaregio. Bis heute ist das

Wort »Getto« ein Synonym für Judenviertel. Die Juden konnten zwar weiterhin ihren Geschäften nachgehen, doch sie mussten fortan ein Erkennungszeichen tragen, wenn sie sich außerhalb des Gettos bewegten, und abends wurden die Tore geschlossen und streng bewacht. Innerhalb des abgeriegelten Gebietes entstanden Talmudschulen, Synagogen, ein blühendes kulturelles Leben

Vor der Scuola Spagnola

und sechs- bis siebenstöckige Wohnhäuser, in denen die Menschen, deren Zahl ständig wuchs, schließlich in drangvoller Enge lebten. Erst Napoleon öffnete 1779 das Getto, in dem mittlerweile 5000 Menschen wohnten. Nach einer kurzen Phase der Freiheit wurden 1944 rund 200 Juden durch die Nazis in die Vernichtungslager Osteuropas deportiert. Gegenwärtig leben noch rund 500 Juden in Venedig, davon allerdings nur wenige im Gebiet des ehemaligen Gettos.

Durch das **Gettotor** ❶ betritt man das **Ghetto Vecchio** (altes Getto), auf dem sich die alte Eisengießerei befand. Von den drei ehemaligen Synagogen am **Campiello delle Scuole,** die so in die normale Bebauung integriert sind, dass sie von außen nicht zu erkennen sind, kann man die **Scuola Spagnola** ❷ und die **Scuola Luzzatto** ❸, die von

Eingangstor ins jüdische Getto

sephardischen Juden genutzt wurden, im Rahmen von Führungen besichtigen. Die **Scuola Levantina** ❹ ist innen reich dekoriert und verfügt über eine kunstvoll geschnitzte Kanzel. Jüdische Bäckereien und kleine Geschäfte, die Kunsthandwerk und Schmuck anbieten, säumen den Weg.

Ghetto Nuovo

Über den **Ponte del Ghetto** erreicht man das auf einer Insel gelegene **Ghetto Nuovo (Neues Getto),** dessen Häuser sich um einen baumbestandenen, kreisrunden Platz mit Cafés, Restaurants, einem Hotel und Geschäften gruppieren. Direkt links, hinter den Sicherheitskräften, befindet sich die *Gedenkstätte der Juden- deportation ❺, die an das Schicksal der 200 Juden erinnert, die von hier aus ihren Weg in die Vernichtungs- lager des Ostens antreten mussten. Vorbei an dem als Altersheim genutzten Trakt ge- langt man zum erschütternden **Holocaust- Denkmal »Der Abtransport« ❻**.

Gedenkstätte

In der **Scuola Grande Tedesca ❼**, dem von deutschstämmigen Juden erbauten Gotteshaus, das zu den ältesten des Gettos zählt, ist heute das winzige *Jüdische Museum untergebracht, das die Geschichte der venezianischen Juden dokumentiert (tgl. außer Sa und an jüdischen Feiertagen 10–19, im Winter bis 16 Uhr). Hier begin- nen auch die 40-minütigen Führungen durch das Getto inklusive Innenbesichtigungen der ehemaligen Synagogen (stdl. zwi- schen 10.30 und 17.30 Uhr).

Vorbei an der **Scuola Italiana ❽**, wo das Hotel **Locanda del Ghetto** (s. Hotels, S. 130) residiert, führt der Weg zurück durch das Alte Getto. Durch das Gettotor erreicht man die Fondamenta di Cannaregio. Hier kann man im **Gam Gam** (s. Restaurants, S. 133) zu günstigen Preisen koschere Küche probieren, darun- ter auch leckere vegetarische Gerichte.

Touren im Anschluss: 17, 19, 21

78

Auf den Spuren Tintorettos

Jüdisches Getto → **Sant'Alvise** → *Madonna dell'Orto* →
Campo dei Mori → **Casa del Tintoretto**

kurz

Ein entspannter Bummel, bei dem man ins Alltagsleben der Venezianer eintaucht und zugleich die Heimat Tintorettos kennenlernt. Nicht weit entfernt von der Kirche Madonna dell'Orto, in der der große Maler begraben liegt, steht sein Wohnhaus, das auf bescheidene Lebensverhältnisse schließen lässt.

Start:	**Ⓥ** Guglie (3, 4.1, 4.2, 5.1, 5.2)
Ziel:	**Ⓥ** Orto (4.1, 4.2, 5.1, 5.2)
Wann:	jederzeit, sonntags aber bleibt die Kirche Madonna dell'Orto geschlossen

Drei Brücken führen vom Ghetto Nuovo, dem Herzstück des *Jüdischen Gettos* ❶ (s. S. 76), weg. Über eine davon, den Ponte del Ghetto Nuovo, verlässt man den Gettobereich Richtung Norden, um sich in einem Viertel Venedigs wiederzufinden, in dem die Venezianer noch überwiegend unter sich sind und ihren Alltagsgeschäften nachgehen. Die Fondamenta degli Ormesini laden geradezu zu einem entspannten Bummel ein, bei dem man es den Einheimischen gleichtun und unterwegs in einem der Cafés, Bàcari oder Restaurants einkehren sollte, z. B. im **Antica Mola** (Fondamenta degli Ormesini 2800, tgl. geöffnet, ○○). Der Weiterweg führt dahinter nach links in die

Trattoria Antica Mola

schmale Calle della Malvasia. Folgt man der Gasse geradeaus, überquert man zunächst den Rio della Sensa (Restaurant **Ai 40 Ladroni,** ○○) und dann den Rio di Sant'Alvise und erreicht so am kargen **Campo Sant'Alvise** die Kirche **Sant'Alvise ❷** (Choruskirche) aus dem 14. Jh. Hier sind gleich mehrere Werke Giovanni Battista Tiepolos zu bewundern.

Wieder zurück, biegt man an den Fondamenta delle Sensa nach links ab (Restaurant **Anice Stellato,** Fondamenta della Sensa 3272, Mi–So geöffnet, hervorragender fangfrischer Fisch, ○○) und folgt dem Verlauf des Kanals, bis links die extrem schmale Calle Loredan abzweigt. Von hier ist es nur noch ein Katzensprung, vorbei am liebenswerten **Corte Cavallo** und dem vornehmen Grand Hotel dei Dogi, bis zur Kir-

Madonna dell'Orto

che ***Madonna dell'Orto ❸** (Choruskirche). Benannt wurde die Backsteinkirche aus dem 15. Jh., die auf eindrucksvolle Weise die venezianische Spätgotik repräsentiert, nach dem Garten *(orto)*, in dem eine wundertäti-ge Madonnenstatue gefunden wurde. Be-rühmt hingegen wurde sie durch den Maler Jacopo Tintoretto (1518–1594), der ganz in der Nähe der Kirche aufgewachsen ist und ihr einige seiner schönsten Werke vermacht hat: Im Altarraum hängt rechts das »Jüngste Gericht«, links die »Anbetung des Goldenen Kalbs«. Weitere bedeutende Werke wie die »Erwe-ckung des Licinius« findet man im linken Seitenschiff sowie den »Tempelgang Mariens«, der Rainer Maria Rilke zu einem seiner schönsten Gedichte inspirierte, im rechten Seitenschiff. Tinto-retto, der »Sohn eines Färbers« *(tintore)* selbst liegt gemeinsam mit seiner Familie in der Kirche begraben. Sein ganzes Leben hat

Tintoretto in Venedig zugebracht, heute kann man an verschiedenen Orten seine von expressiver Dramatik gekennzeichneten Bilder bewundern (s. Scuola Grande di San Rocco, S. 38). Der Kirche ist ein kleines Museum angegliedert.

Über die Brücke hinweg gelangt man zum **Campo dei Mori ❹**, einem trichterförmig zulaufenden Platz, an dem kaum noch etwas daran erinnert, dass hier im Mittelalter geschäftiges Treiben herrschte: Am Kanal lagen Boote vor Anker, am Kai stapelten sich die Säcke mit orientalischen Gewürzen, Kaffee, Tee und anderen Waren aus aller Herren Länder. Lediglich die drei »Mori« mit ihren Turbanen, die am linken, Eckhaus in die Außenwand eingelassen sind, geben einen Hinweis. Denn »Moro« (Maure) nannten die Venezianer alles Fremdländische. Die Figuren wurden

Casa del Tintoretto

den im 13./14. Jh. gearbeitet und stellen die levantinischen Kaufleute Rioba, Sandi und Afani Mastelli dar. Eine weitere Maurenstatue ziert die nur wenige Meter entfernt gelegene **Casa del Tintoretto ❺**, ein unscheinbares Haus, in dem der Künstler, der El Greco zu seinen Schülern zählte, bis zu seinem Tod 1594 gelebt hat (nur von außen zu besichtigen). Beim gefürchteten *acqua alta,* dem jährlichen Hochwasser, ist der recht tief gelegene Campo dei Mori meist völlig überflutet.

Übrigens: In der **Bottega del Tintoretto** (Fondamenta dei Mori 3400, Tel. 041 72 20 81, tgl. außer So 10–19 Uhr), nicht weit von Tintorettos Wohnhaus entfernt, können Künstler und Hobbymaler bei Roberto Mazzetto in die »Schule« gehen und ihr künstlerisches Talent entdecken.

Tour im Anschluss: 20

mittel

Im Misericordia-Viertel

*Madonna dell'Orto → Abbazia della Misericordia → Santa Maria della Misericordia → Scuola Nuova di Santa Maria della Misericordia → Palazzo Vendramin-Calergi

Abseits der großen Touristenströme entdeckt man in dieser stillen und abgelegenen Ecke typisch venezianische Lebensart – und nähert sich am Ende dann doch wieder dem Canal Grande. Hier, im Palazzo Vendramin-Calergi, starb am 13. Februar 1883 Richard Wagner.

Start: Ⓥ Orto (4.1, 4.2, 5.1, 5.2)
Ziel: Ⓥ San Marcuola (1, 2, N)
Wann: jederzeit im Sommer wie im Winter möglich

Lange Zeit befand sich in dieser etwas abgelegenen Ecke eine riesige Baustelle, sodass man dem hier beschriebenen Weg nicht folgen konnte. Mittlerweile sind die Baufahrzeuge wieder abgerückt, Brücken und Gassen saniert.

Campo dell'Abbazia

Von der berühmten Tintoretto-Kirche ***Madonna dell'Orto ❶** (s. S. 81) ist man rasch an der **Sacca della Misericordia.** Hier, auf der Brücke am kleinen Bootshafen, sollte man kurze Zeit verweilen und den schönen Blick über die Lagune auf die vorgelagerte Toteninsel San Michele (s. S. 112) sowie Murano (s. S. 116) genießen, bevor man seinen Weg fortsetzt zum **Campo dell'Abbazia.** An diesem stillen Platz liegen die aus dem

10. Jh. stammende **Abbazia della Misericordia** ❷ und die 1659 erbaute Kirche **Santa Maria della Misericordia** ❸, leider befinden sich beide im fortgeschrittenen Zustand des Verfalls. Eine Innenbesichtigung ist nicht möglich. Man folgt dem Weg über die Brücke und nimmt den nächsten Abzweig nach rechts. Hier lohnt ein Blick auf die **Scuola Nuova di Santa Maria della Misericordia** ❹, ein gewaltiger, von Sansovino entworfener Ziegelbau, der jedoch unvollendet blieb und in jüngster Zeit als Sporthalle genutzt wurde. Direkt daneben erhebt sich der prächtige **Palazzo Lezze** ❺ von 1670, für den Baldassare Longhena verantwortlich zeichnete. Lässt man seinen Blick ein wenig schweifen, entdeckt man hier, wie übrigens an vielen anderen Stellen Venedigs, zauberhaft begrünte Dachgärten, stille Oasen in der von Stein geprägten Stadt, die im Hochsommer einem glühenden Backofen gleicht. Während man nun weiter der wunderschönen Fondamenta della Misericordia folgt, sollte man in eines der Cafés, Restaurants oder Bàcari einkehren, die den Weg

Paradiso Perduto

säumen. Eines der Lokale hat längst Kultstatus: das **Paradiso Perduto** ❻, das »Verlorene Paradies« (Fondamenta della Misericordia 2540, tgl. außer Mi 19–2 Uhr, ○). Es ist Szene- und Studententreff, Restaurant und Musikkneipe in einem. An den Wochenenden treten hier mitunter Livebands auf.

Auf dem Weg Richtung Canal Grande passiert man den lebhaften **Campiello dell' Anconetta** mit Café und Souvenirständen.

Teatro Italia

Ein Schriftzug erinnert noch immer daran, dass hier mit dem **Teatro Italia** einst ein Kino existiert hat. Wem nun nach etwas

Süßem zumute ist, der findet in der **Pasticceria Nobile** eine beeindruckende Auswahl. Hier beginnt das Einkaufsviertel, zahlreiche Schuh- und Modegeschäfte laden zum Schaufensterbummel ein. Man folgt der Calle dell'Anconetta, passiert die Brücke und läuft den Rio terà della Maddalena entlang, bis hinter der Pizzeria Serenissima rechts die Calle L. Vendramin

P. Vendramin-Calergi

abzweigt. Am Ende, am Canal Grande, erhebt sich der **Palazzo Vendramin-Calergi ❼**, in dem heute Venedigs Spielbank residiert. Von Mauro Condussi 1481–1509 errichtet, erlangte der Renaissancepalast, dessen Schauseite sich am Canal Grande befindet, v. a. durch Richard Wagner Berühmtheit, der den 20 Zimmer umfassenden Grimaldi-Flügel im Zwischengeschoss gemietet hatte und hier von 1882 bis zu seinem Tod am 13. Februar 1883 lebte. 1995 wurde ein kleines **Wagner-Museum** samt Studienzentrum eingerichtet, das an den großen Komponisten erinnert, jedoch nur nach Vereinbarung mittwochs und samstags vormittags besichtigt werden kann.

Wieder zurück auf dem Rio terà della Maddalena, wendet man sich nach rechts und erreicht, vorbei an zahlreichen Geschäften, in wenigen Minuten den **Campo della Maddalena ❽**, der neben den bunt getünchten, etwas zusammengewürfelten Häuschen samt auffälligen Kaminkonstruktionen eine Rundkirche aus dem 18. Jh. beherbergt. Wer jetzt einkehren möchte, dem sei die Osteria **Al Cantinon** empfohlen (〇〇, Mo geschl.), die hinter der Kirche unter dem schattigen Sottoportego de le Colonete gute Fischgerichte serviert.

Touren im Anschluss: 21, 22

Von der Strada Nova zu den Fondamente Nove

mittel

Campo della Maddalena → ***Ca' d'Oro** → **Scuola dell'Angelo Custode** → **Santi Apostoli** → **Oratorio dei Crociferi** → ***Chiesa dei Gesuiti Santa Maria Assunta** → **Fondamente Nove**

Sie heißt »Strada«, ist 10 m breit und tatsächlich die einzige »Straße« Venedigs. Zwar lockt die 1871 eingeweihte, beliebte Einkaufsmeile in erster Linie ein kauflustiges Publikum an, doch es gibt auch Hochkarätiges zu entdecken: beispielsweise die Ca' d'Oro mit einem bemerkenswerten Kunstmuseum.

Start:	**Ⓥ** San Marcuola (1, 2, N)
Ziel:	**Ⓥ** Fondamente Nove (4.1, 4.2, 5.1, 5.2, 12, 13, 22)
Wann:	an Wochentagen, denn sonntags bleiben verschiedene Geschäfte geschlossen

Am kleinen **Campo della Maddalena** (s. S. 86) sollte man einen kurzen Moment verweilen. Hübsch anzusehen ist das Ensemble der kleinen Häuser und windschiefen Dächer. Zumal sofort ein Kontrastprogramm folgt: Mit der **Strada Nova** beginnt hier Venedigs einzige »echte Straße«, ab 1876 als Arbeitsbeschaffungsmaßnahme geplant und 1871 eingeweiht. Um eine möglichst direkte Verbindung vom neu gebauten Bahnhof Santa Lucia zur Piazza San Marco zu schaffen, mussten zahlreiche alte Häuser abgerissen werden – aus heutiger Sicht eine städtebaulich äußerst fragwürdige Entscheidung.

Strada Nova

Linker Hand öffnet sich der **Campo Santa Fosca** mit der gleichnamigen Kirche. Hier erinnert ein **Standbild** an **Paolo Sarpi ❶**, einen 1552 in Venedig geborenen Historiker und Ordensmann, der als Kritiker der päpstlichen Macht mit dem Bann belegt wurde. Um sein Leben fürchtend, zog sich der Schriftgelehrte in ein Kloster in Venedig zurück, wo er 1623 starb.

Über den **Campo San Felice** mit der gleichnamigen **Kirche** aus dem 16. Jh. (Mo–Sa 9–12, 16–19 Uhr) erreicht man ein Juwel der venezianischen Gotik: die **Ca' d'Oro ❷* (s. S. 9). Die ganze Pracht dieses zwischen 1422 und 1440 entstandenen »Goldenen Hauses«, dessen Fassade einst mit Blattgold verziert war, erfasst man erst vom Canal Grande aus. Heute befindet sich hier eines der bedeutendsten Museen der Stadt: die **Galleria Franchetti**, in der altes venezianisches Mobiliar und Kunsthandwerk sowie Gemälde großer Meister ausgestellt werden, darunter Tizians »Venus im Spiegel« und Mantegnas »Hl. Sebastian«. Wunderschön ist auch der Innenhof mit dem von Bartolomeo Bon gestalteten Brunnen (Mo 8.15–14, Di–Sa 8.15–19.15, So, Fei 10–18 Uhr). Anschließend kann man sich im traditionsreichen Bàcaro **Alla Vedova ❸** (s. Restaurants, S. 137) mit *cicchetti* stärken.

Galleria Franchetti

Am **Campo Santi Apostoli** befindet sich eine weitere *scuola*: die **Scuola del Angelo Custode ❹**, die von der evangelisch-lutherischen Gemeinde genutzt wird (Do, Fr, Sa, So 17–19 Uhr). Ein Blickfang am hübschen, baumbestandenen Platz ist der Campanile der Kirche **Santi Apostoli ❺**, einer der höchsten Venedigs. In dieser Kirche lag zeitweise Caterina Cornaro, die Königin von Zypern, begraben, bevor sie nach San Salvatore umgebettet

Trattoria Al Vagon

wurde. Auf der anderen Kanalseite lädt die **Trattoria Al Vagon** unter dem Sottoportego ein (○○), wo sich besonders pittoreske Gondelmotive bieten.

Auf dem nun folgenden Stück zu den Fondamente Nove verdient der **Palazzo Zen ❻** von 1537 Aufmerksamkeit. An der Fassade erinnert eine Steintafel an Nicolò and Antonio Zeno, die angeblich um 1400 nach Nordamerika gesegelt sind, was wohl nicht mehr als eine Legende sein dürfte.

Direkt dahinter befindet sich das unscheinbare **Oratorio dei Crociferi ❼** mit seinen auffälligen vier Kaminen. In der Mitte des 12. Jhs. erbaut, wurde das Oratorio einst vom Crociferi-Orden als Hospital betrieben, in dem verletzte oder erschöpfte Pilger und Kreuzfahrer auf dem Weg ins Gelobte Land Aufnahme fanden.

Doch ganz und gar dominiert wird der Platz von der vis-à-vis befindlichen, von 1715 bis 1729 erbauten ***Chiesa dei Gesuiti Santa Maria Assunta ❽** mit ihrer imposanten barocken Fassade, an der die Skulpturen der hl. Apostel zu erkennen sind. Im Inneren zieren Intarsienarbeiten aus grün-weißem Marmor die Wände, während das vergoldete Deckengewölbe feinste Stuckarbeiten aufweist. Zu den bedeutendsten Kunstwerken zählt Tizians dramatisches Nachtstück »Martyrium des heiligen Laurentius« (1548–1559), das man direkt linker Hand in der Seitenkapelle sieht (tgl. 10–12, 15.30–17.30 Uhr, Eintritt frei).

In wenigen Schritten sind die **Fondamente Nove** erreicht, die aus dem 16. Jh. stammende Uferbefestigung, wo die Vaporetti nach San Michele, Murano, Burano, Torcello etc. starten.

Touren im Anschluss: 27, 28, 29, 30

Die Heimat Marco Polos

mittel

Campo S.S. Apostoli → *Santa Maria dei Miracoli* →
Basilica dei Santi Giovanni e Paolo → *Scuola Grande di
San Marco* → **Corte Prima del Milion → Teatro Malibran**

Er war der erste Europäer, der sich ins ferne Asien aufmachte: der
Venezianer Marco Polo (1254–1324). Seine Kindheit verbrachte er in
den verwinkelten Gassen nordöstlich von Rialto, wo heute reiche
Kunstschätze bergende Kirchenbauten und ein berühmtes Opernhaus
Freunde von Kunst und Kultur anlocken.

Start: Ⓥ Ca' d'Oro (1, N, VA)
Ziel: Ⓥ Rialto (1, 2, N)
Wann: jederzeit, im Sommer ebenso wie in den Winter-
monaten

Über die lebhafte Strada Nova (s. S. 88) läuft man direkt auf den
Campo Santi Apostoli (s. S. 89) zu. Unweit von hier beginnt ein
Gewirr enger Gassen und Brücken, das wunderschöne Fotomotive bietet. Wer die Brücke über den Rio dei Santi Apostoli
überquert, stößt zuerst linker Hand auf die kleine, 864 von

C. Santa Maria Nuova

Einwanderern aus Aquileia gegründete Kirche **San Canciano** ❶, die drei Märtyrerge-
schwistern geweiht ist. Bevor man Richtung
Campo Santa Maria Nuova weiterläuft, lohnt
ein Blick nach rechts auf den **Palazzo Bembo e Boldù** ❷ am Campiello di Santa Maria
Nuova samt kleinem Brunnen. An der Fassa-

de gibt eine Skulptur aus dem 16. Jh. Anlass zum Rätseln: Einige deuten sie als Saturn, der eine Sonnenscheibe in der Hand hält, andere als Chronos, den Gott der Zeit. Auf dem **Campo Santa Maria Nuova** kann man von dem Café an der Brücke den herrlichen Blick auf die Kirche ***Santa Maria dei Miracoli** (Choruskirche) ❸ und die Gondeln genießen, die hier geräuschlos durch die gewundenen Kanäle gleiten. Als Pietro Lombardo beauftragt wurde, an dieser Stelle für ein wundertätiges Madonnenbild ein Gotteshaus zu errichten, stand ihm nur ein sehr kleines Grundstück zur Verfügung. Doch die einschiffige Kirche mit Tonnengewölbe, markanter Kuppel und mehrfarbiger Marmor-

Santa Maria dei Miracoli

verkleidung, die zwischen 1481 und 1489 hier entstand, zählt zu den schönsten der Stadt. Zwar umgibt kein großer Platz dieses Juwel der Frührenaissance, dafür kann man die Kirche in »Insellage« von allen Seiten aus betrachten, was für Venedig eher ungewöhnlich ist.

Vom Kirchenportal läuft man zurück zum Campo Santa Maria Nuova, folgt rechts der Fondamenta Piovan und erblickt schon von Weitem die hohe Backsteinfront der ***Basilica dei Santi Giovanni e Paolo** ❹ (s. S. 98). Der weitläufige Platz lädt zu einem Päuschen ein mit Blick auf die aufwendig gestaltete Fassade der ehemaligen ***Scuola Grande di San Marco** ❺ (s. S. 98). Beim Blick zurück von der nun folgenden Brücke erkennt man in der Ferne die Toteninsel San Michele (s. S. 112). Wieder zurück an der Kirche San Miracoli, überquert man den Rio dei Miracoli, nimmt

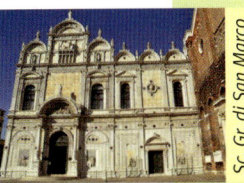

Sc. Gr. di San Marco

danach die dritte Gasse links (S. San Canzian) und nähert sich langsam wieder dem Canal Grande. Am Ende geht es links direkt auf die im dicht besiedelten Rialto-Viertel liegende Renaissance-Kirche **San Giovanni Crisostomo ❻** zu. Ursprünglich aus dem 9. Jh. stammend, wurde die Kirche nach einer verheerenden Feuersbrunst, die weite Teile des Rialto-Viertels in Schutt und Asche gelegt hatte, ab 1495 wieder aufgebaut. Den Auftrag dazu erhielt Mauro Condussi (tgl. 8.15–12.15, 15–19 Uhr).

Es folgt rechts die **Corte Prima del Milion ❼**, wo sich einst das Wohnhaus Marco Polos (1254–1324) befand. Der aus einer venezianischen Kaufmannsfamilie stammende Abenteurer war der erste Europäer, der aufbrach, um das ferne Asien zu erkunden. Seine Reisen führten ihn u. a. nach China, Persien, Afghanistan, Ceylon, Sumatra und an die Küste Indiens. Bis heute ist der Wahrheitsgehalt seiner Reisebeschreibungen jedoch umstritten. Nette Lokale laden im Corte del Milion zur Rast ein, z. B. die **Osteria Il Milion** (Mi geschl.). In unmittelbarer Nähe liegt auch das berühmte **Teatro Malibran ❽** (Campiello Malibran 5873, Tel. 0 41 24 24, www.teatrolafenice.it/static/altre_sedi_malibran.php), eines der ältesten Theater Venedigs. Der Komö-

diendichter Carlo Goldoni hat hier zeitweise gearbeitet. Nach dem letzten Brand im berühmten Teatro La Fenice (s. S. 21) diente das Malibran lange Zeit als Ausweichquartier. In herrlich ruhiger Umgebung kann man im **Hotel Restaurant Malibran** (Corte del Teatro Malibran, ◐◐) essen, bevor man weiterläuft zur trubeligen Rialto-Brücke.

Restaurant Malibran

Touren im Anschluss: 6, 7

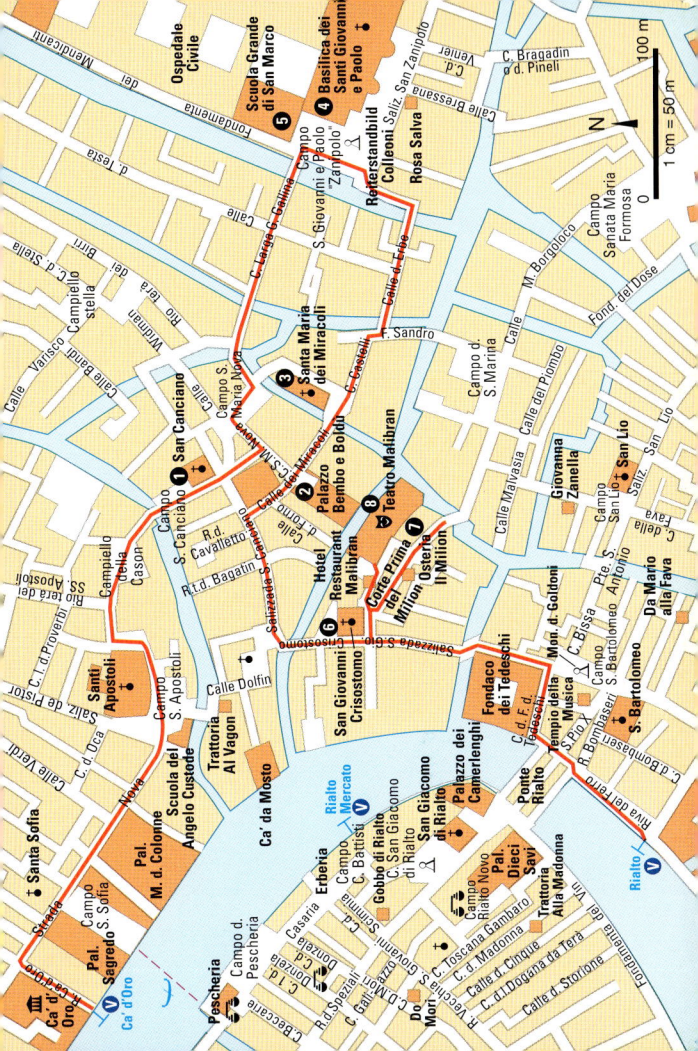

Vom San Marco-Becken zur Grablege der Dogen

lang

Riva degli Schiavoni → ***Santa Maria della Pietà** → **Palazzo Grimani** → ***Fondazione Querini Stampalia** → ***Scuola Grande di San Marco** → ***Basilica dei Santi Giovanni e Paolo**

Auch wenn man sich von der Riva degli Schiavoni kaum trennen mag: Der Weg durchs griechische Viertel über den Campo Santa Maria Formosa bis »Zanipolo« lohnt auf jeden Fall. Bedeutende Kirchen, ein sehenswertes Museum und als Krönung die Grablege zahlreicher Dogen machen diese Tour für Kulturfreunde zum Genuss!

Start: Ⓥ San Zaccaria (1, 2, 4.1, 4.2, 5.1, 5.2, 7, 14, 20, N)
Ziel: Ⓥ Ospedale Civile (4.1, 4.2, 5.1, 5.2, 22, B)
Wann: immer außer mittags und So vormittags, dann bleibt die Basilica dei Santi Giovanni e Paolo geschlossen

Der Spaziergang durch Castello, das größte Sestiere Venedigs, beginnt an der belebten Uferpromenade **Riva degli Schiavoni,** die gesäumt ist von herrlichen Palazzi, in denen nun z. T. hyperteure Hotels untergebracht sind. Kein Wunder bei der Lage und bei dem Blick über das San Marco-Becken. Wer ein paar Schritte Richtung Markusplatz läuft, blickt auf die **Prigioni** (Gefängnisse), die durch die **Seufzerbrücke** mit dem Dogenpalast verbunden waren. Vorbei am Palazzo Dandolo mit dem altehrwürdigen Hotel Danieli, über zwei Brücken hinweg, erblickt man linker Hand ***San-***

Seufzerbrücke

ta **Maria della Pietà ❶** (Di–Do 10.15–12, 15–17 Uhr). Die Kirche gehörte zu einem Waisenhaus, dem ein Mädchenkonservatorium angeschlossen war. In diesem Konservatorium unterrichtete von 1703 bis 1741 Antonio Vivaldi, der berühmte Komponist (»Die vier Jahreszeiten«), der 1678 in Venedig als Sohn eines Violinisten geboren wurde (häufig Vivaldi-Konzerte).

Es schließt sich das »griechische Viertel« Venedigs an. Nach dem Ende des Byzantinischen Reiches strömten zahlreiche Griechen nach Venedig, heute hat die griechisch-orthodoxe Gemeinde gerade noch 200 Mitglieder. Noch vor der Brücke über den Rio dei Greci geht es links zur Kirche **San Giorgio dei Greci ❷** mit ihrem auffallend schiefen Glockenturm. Der blumenbestandene Kirchhof ist eine Oase der Stille. Hier befindet sich auch der Eingang zum **Museo dell'Istituto Ellenico ❸** (tgl. 9–17 Uhr), einem der schönsten Ikonenmuseen Europas.

An den Fondamenta dell'Osmarin lohnt ein Blick ins **Ca' del Sol** (s. Shopping, S. 139), wo wunderbare Masken gefertigt werden. Auf dem Weg zum Campo Santa Maria Formosa liegt rechts der **Palazzo Grimani ❹**, einer der schönsten Paläste Venedigs, in dem hochkarätige Wechselausstellungen stattfinden (Mo 8.15–14, Di–So 8.15–19 Uhr).

Der hübsche **Campo Santa Maria Formosa** wird von der Kirche **Santa Maria Formosa** (Choruskirche) **❺** beherrscht, die auf das 7. Jh. zurückgeht. Im Erdgeschoss eines Renaissancepalasts zeigt die *Fondazione **Querini Stampalia ❻** in Wechselausstellungen moderne Kunst, während im Obergeschoss venezianische Malerei des 14. bis 18. Jhs. präsentiert wird. Einige der Werke, die das Leben des

Fondamenta dell'Osmarin

städtischen Adels und des gemeinen Volkes abbilden, lassen einen schmunzeln (tgl. 10–19 Uhr, manchmal Konzerte, 17 Uhr). Unweit des Campo lädt eine nette Osteria, das **Alle Testiere** (s. Restaurants, S. 136), zu einer wohlverdienten Rast ein.

Der Weg vom Campo Santa Maria Formosa zur berühmten Basilica dei Santi Giovanni e Paolo führt durch ein ehemaliges Handwerkerviertel, während an der Calle Tetta das älteste Gewerbe der Welt ausgeübt wurde. Über die Salizzada S. Zanipolo nähert man sich einem der schönsten Plätze Venedigs: dem **Campo Santi Giovanni e Paolo.** Andrea Verrocchios berühmtes **Reiterstandbild** aus dem Jahre 1496 erinnert an **Bartolomeo Colleoni ❼**, einen Söldnerführer, der der Republik einen beträchtlichen Teil seines aus Raubzügen stammenden Vermögens hinterließ. Größter Blickfang am Platz ist allerdings die Fassade der ***Scuola Grande di San Marco ❽** mit ihren illusionistischen Perspektiven. In der einstigen *scuola* der Goldschmiede und Seidenhändler ist heute das Städtische Krankenhaus untergebracht. Direkt daneben steht mit der ***Basilica dei Santi Giovanni**

e Paolo ❾ eine der beeindruckendsten Kirchen Venedigs. In »San Zanipolo«, wie die Venezianer sie auch nennen, wurden 25 Dogen beigesetzt, zudem Admiräle, Bischöfe und Künstler. Die im Stil der Bettelordengotik erbaute Kirche nimmt allein schon durch ihre Raumgröße gefangen (Mo–Sa 8–12.30, 15–18, So 15–17.30 Uhr).

Anschließend sind die verführerischen *dolci* der **Pasticceria Rosa Salva** (s. Restaurants, S. 136) ein Sünde wert.

Touren im Anschluss: 27, 28, 29, 30

lang

Von der Riva degli Schiavoni zum Arsenale

Riva degli Schiavoni → ***San Zaccaria*** → ***Scuola Dalmata di San Giorgio degli Schiavoni** → **San Francesco della Vigna** → ***Arsenale*** → ***Museo Storico Navale***

Durch z. T. menschenleere Gassen nähert man sich dem Arsenale, der riesigen Werft, in der zu Zeiten der Serenissima die venezianischen Handels- und Kriegsschiffe gebaut wurden. Für Besucher ist die Anlage nur während der Biennale zugänglich. Über Venedigs Seefahrertradition informiert das nahe Schifffahrtsmuseum.

Start: Ⓥ San Zaccaria (1, 2, 4.1, 4.2, 5.1, 5.2, 7, 14, 20, N)
Ziel: Ⓥ Arsenale (1, 4.1, 4.2)
Wann: falls ein Besuch des Schifffahrtsmuseums geplant ist, einen Vormittag in der Woche wählen, da das Museum nachmittags und So geschlossen ist

Die **Riva degli Schiavoni,** das »Ufer der Slawonen«, ist eine der schönsten und beliebtesten Flaniermeilen Venedigs. Ein Kontrastprogramm zum hier herrschenden Trubel bildet der stille Teil Castellos, der ans Arsenale grenzt und ein typisches Arbeiterviertel geblieben ist.

Hinter dem Ponte del Vin führt der übernächste Abzweig zum ruhigen **Campo San Zaccaria.** Die Kirche ***San Zaccaria** ❶, die ursprünglich aus dem 9. Jh. stammt, birgt eine Fülle bedeutender Kunstwerke, darunter ein Gemälde Giovanni Bellinis sowie Tintorettos » Geburt Johannes des Täufers«. Manchmal wird die Besichtigung durch leise Orgelmusik untermalt (tgl. 10–12,

16–18, Fei 16–18 Uhr). Die Kirche gehört zu einem ehemaligen Benediktinerinnenkloster, das sich unmittelbar rechts anschließt. In diesem großen **Konvent ❷** fanden einst die unverheirateten Töchter betuchter Venezianer Aufnahme. Doch sittsam und streng ging es hier keineswegs zu, im Gegenteil: Berichte von rauschenden Festen und Männerbesuchen machten in Venedig rasch die Runde. Unter Napoleon wurde der Komplex als Kaserne genutzt, heute sorgen die Carabinieri von hier aus für Zucht und Ordnung.

San Zaccaria

Wieder zurück auf der belebten Riva degli Schiavoni, biegt man hinter der Kirche *Santa Maria della Pietà ❸* (s. S. 96) links ab und erreicht so den stillen **Campo Bandiera e Moro.** In seinem Osten erhebt sich die Kirche **San Giovanni in Bragora ❹**, die in ihrer heutigen Form aus dem 15. Jh. stammt. Im linken Seitenschiff ist das Becken zu sehen, in dem Antonio Vivaldi getauft wurde (Mo–Sa 9–11, 15.30–17, So 9.30–12 Uhr). Nächster Stopp ist die *Scuola Dalmata di San Giorgio degli Schiavoni ❺*, die einstige *scuola* der aus Dalmatien stammenden Händler. Hochkarätige Kunstwerke, darunter ein Gemäldezyklus von Vittore Carpaccio, machen sie zu einem der bedeutendsten Museen der Stadt (Mo 14.45–18, Di–Sa 9.15–13, 14.45–18, So, Fei 9.15–13 Uhr).

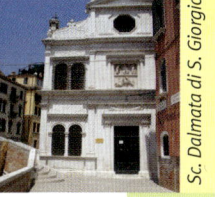

Sc. Dalmata di S. Giorgio

Im Zickzackkurs geht es durch eine untouristische Gegend weiter, bis man die gewaltige Kirche **San Francesco della Vigna ❻** erreicht hat (tgl. 8–12.30, 15–19 Uhr, Eintritt frei). Der Name erinnert an einen

Weingarten (ital. *vigna*), der sich einst hier befand und den Franziskanern vermacht wurde. Ursprünglich stand hier ein dem hl. Markus geweihtes Kirchlein. Denn der Legende nach erschien dem Evangelisten, der auf seinem Weg von Aquileia nach Rom Schiffbruch erlitten hatte und auf einer Laguneninsel gestrandet war, an dieser Stelle ein Engel, der die Worte sprach: »Pax tibi, Marce« (»Friede sei mit dir, Markus«).

Alltagsatmosphäre vermittelt das nächste Wegstück, bis man die riesige Mauer des Arsenale erblickt. Rechts vor einem liegt die Kirche **San Martino ❼** (Mo–Sa 8.45–11.45, 16.30–19, So 8–12 Uhr). Kostbare Schätze birgt sie nicht, Beachtung verdient aber der als Löwenmaul gestaltete Denunziationsbriefkasten.

Eingangsbereich des Arsenale

Nur ein paar Schritte trennen einen nun vom bis heute streng bewachten Eingang zum ***Arsenale ❽**, der großen Schiffswerft der Seerepublik. Am geflügelten Löwen und der Justizia kommt niemand vorbei, denn das Arsenale, wo einst 16 000 Arbeiter beschäftigt waren und rund 200 Schiffe im Jahr vom Stapel liefen, ist heute militärisches Sperrgebiet und nur zu Biennale-Zeiten öffentlich zugänglich. Von der **Trattoria Da Paolo** (Mo geschl.) hat man einen herrlichen Blick auf den Eingangsbereich des Arsenale.

Über den Schiffsbau im Arsenale und Venedigs Geschichte als Seerepublik informiert das etwas rückwärtig am San Marco-Becken gelegene ***Museo Storico Navale ❾**, dessen Eingang zwei riesige Anker markieren (Mo–Fr 8.45–13.30, Sa bis 13 Uhr).

Touren im Anschluss: 10, 25, 26

Zur Isola di San Pietro

mittel

Via Garibaldi → Garibaldi-Denkmal → Isola di San Pietro → San Francesco di Paolo → San Pietro di Castello → Via Garibaldi

Wäsche flattert im Wind, Kinder spielen auf der Via Garibaldi – der Trubel von San Marco scheint Lichtjahre entfernt. Hier, im klassischen Arbeiterviertel, locken keine kulturellen Highlights, dafür venezianisches Alltagsleben. Der Spaziergang führt auf die stille Insel San Pietro und durch ein typisches Wohnviertel der Stadt.

Start:	Ⓥ Giardini (1, 2, 4.1, 4.2, 5.1, 5.2, 6)
Ziel:	Ⓥ Giardini (1, 2, 4.1, 4.2, 5.1, 5.2, 6)
Wann:	jederzeit, im Sommer wie auch an Wintertagen

Wer sich vom Rummel um San Marco bzw. einer anstrengenden Besichtigungstour erholen möchte, dem sei dieser ganz und gar erholsame Bummel empfohlen, bei dem man zugleich eintaucht in typisch venezianisches Alltagsleben.

Von der Riva dei Sette Martiri zweigt vor der Brücke nach rechts die breite **Via Garibaldi** ❶ ab, ein zugeschütteter ehemaliger Kanal. Restaurants, Cafés, Eisdielen und Gemüsegeschäfte säumen die schnurgerade verlaufende »Straße«. Hier treffen sich die Venezianer bereits am Morgen auf ein Schwätzchen, Kinder flitzen auf ihren Rädchen umher, junge Mütter sind mit Buggys in Richtung Giardini Pubblici unterwegs. Links zweigen

Via Garibaldi

kleine Gässchen ab, wo man je nach Lust und Laune selbst auf Entdeckungstour gehen kann. Die Dichte an Kunsthandwerksgeschäften ist hier längst nicht so groß wie anderswo. Wer aber z. B. mit Mosaiken besetzte Spiegel, Gefäße aus Muranoglas o. Ä. sucht, der sollte bei **Alice in Wonderland** (Via Garibaldi 1639, www.alicefinearts.com, So geschl.) vorbeischauen, wo wunderschöne handgefertigte Stücke angeboten werden.

Kurz bevor die Via Garibaldi wieder in einen Kanal übergeht, liegt linker Hand die Kirche **San Francesco di Paolo ❷**. Die einschiffige, mit Deckengemälden aus dem 16. Jh. verzierte Kirche weist elf Altäre auf (tgl. 8–12, 16–19 Uhr). Anschließend passiert man das unübersehbare **Garibaldi-Denkmal ❸**. Giuseppe Garibaldi (1807–1882) war ein Vorkämpfer des Risorgimento, jener Einheitsbewegung, die nach dem Wiener Kongress, genauer gesagt zwischen 1815 und 1870, bestrebt war, die einzelnen Fürstentümer und Regionen der Apenninen-Halbinsel zu einem Nationalstaat zu vereinen.

Kurz dahinter, am einfachen Bàcaro **Tipici Veneziani,** teilt sich der Weg, man läuft nun an der rechten Seite des Kanals bis zur Brücke, von der aus man einen Blick auf einige Bootswerften werfen kann und die einen auf die **Isola di San Pietro** bringt. Hierher verirren sich nur wenige Touristen. Wer Lust hat, bummelt über die friedliche Insel, auf der sich venezianische »Plattenbauten« mit kleinen Häuschen samt Minigemüsegärten abwechseln. Dabei war San Pietro nicht immer so unbedeutend wie heute. Neben Rialto zählte Olivolo, wie die Insel einst hieß, in Reminiszenz an die einst zahlreichen Ölbäume, zu den frühesten Siedlungen in der Lagune. Vom 7. Jh. bis 1807 war San Pietro

San Pietro di Castello

zudem Bischofssitz, was die imposante Kirche **San Pietro di Castello ❹** (Choruskirche) mit ihrer aus dem 17. Jh. stammenden Fassade erklärt, die von einem Palladio-Schüler geschaffen wurde (ein kurzer Blick in den Innenhof mit Arkadengang lohnt). Wer meint, die Basilica di San Marco sei von jeher die offizielle Kathedrale der Stadt gewesen, irrt. San Marco war vielmehr Staatskirche und Hauskapelle der Dogen; hier fanden z. B. die Dogenweihe oder die Segnung der Soldaten statt, die in eine Schlacht geschickt wurden. Dass die Amtskirche bis 1807, als Napoleon den Sitz des Patriarchen nach San Marco verlegte, hier, weitab vom Zentrum der Macht, residierte, sagt einiges über das distanzierte Verhältnis zwischen Dogenrepublik und Kirche aus. Man sollte auf einer der Bänke vor der Kirche verweilen und zum Zirpen der Zikaden die Stille genießen. Den schönsten Blick auf die Kirche allerdings hat man von der Brücke aus, die einen zurückbringt nach Castello.

Alla Nuova Speranza

Hier bummelt man durch ein volkstümliches Wohnviertel, wo die Wäsche im Wind flattert und die Häuser vom Prunk der Palazzi an der Riva degli Schiavoni Lichtjahre entfernt zu sein scheinen.

Am stillen Campo Ruga kann man sich in der einfachen Trattoria **Alla Nuova Speranza** mit typisch venezianischen Gerichten (für abends besser reservieren, ○○) stärken, bevor man seinen Spaziergang Richtung Via Garibaldi und San Marco-Becken fortsetzt.

Touren im Anschluss: 23, 24, 26

Giardini Pubblici und Biennale-Gärten

mittel

Resistenza-Denkmal → Garibaldi-Denkmal → Giardini Pubblici → Biennale-Gärten → Isola di Sant'Elena

Alle zwei Jahre strömen Hunderttausende Kunstfreunde in die Biennale-Gärten, wo in 29 Pavillons Gegenwartskunst aus verschiedensten Ländern präsentiert wird. Doch auch zu biennalefreien Zeiten lohnt der Weg in den äußersten Osten Venedigs, wo man im Schatten alter Bäume entspannt bummeln kann und dabei eine grandiose Aussicht auf das San Marco-Becken genießt.

Start:	ⓥ Giardini (1, 2, 4.1, 4.2, 5.1, 5.2, 6)
Ziel:	ⓥ Giardini (1, 2, 4.1, 4.2, 5.1, 5.2, 6)
Wann:	jederzeit, besonders schön am späten Nachmittag, wenn die Silhouette von San Giorgio Maggiore im gleißenden Sonnenlicht daliegt

Wer an der Haltestelle Giardini das Vaporetto verlässt, schlendert zuerst entlang der Riva dei Sette Martiri, vorbei am **Resistenza-Denkmal ❶**: einer in dramatischer Pose halb im Wasser liegenden Frau, über der unermüdlich die Wellen zusammenschlagen. Sie soll an jene Frauen erinnern, die während des Zweiten Weltkriegs im antifaschistischen Widerstand organisiert waren und furchtlos Mussolinis und Hitlers Schergen die Stirn boten.

Über die breite **Via Garibaldi** (s. S. 104) erreicht man das rechter Hand gelegene **Garibaldi-Denkmal ❷** (s. S. 105), das dem großen Freiheitskämpfer des 19. Jhs. Reverenz erweist.

Hier schlendert man durch eine herrlich begrünte Passage, im Hochsommer bei sengender Hitze ein kühles Plätzchen, an dem einige Bänke zum Verweilen einladen. An ihrem Ende lockt linker Hand in einem Garten mit Rasenfläche das hübsche **Caffè La Serra** (Di–Fr 11–21, Sa, So 10–21 Uhr). Rasch ist man von hier wieder am Ufer, wo im Sommer häufig Kreuzfahrtschiffe und Luxusjachten vor Anker liegen.

Caffè La Serra

Auch in den **Giardini Pubblici ❸** laden kleine Sitzbänke zum Verweilen ein. Wer mit Kindern unterwegs ist, wird vielleicht den Spielplatz besuchen, wo die Kleinen ihrem Bewegungsdrang freien Lauf lassen können. Wer sich mit Blick aufs Wasser erfrischen möchte, der sollte ins künstlerisch angehauchte **Paradiso** (○○○) einkehren. Doch die Lage hat ihren Preis, preiswert ist das Restaurant, wo man auch nur einen Spritz oder Espresso trinken kann, nicht!

Giardini Pubblici

Schlendert man durch den Park, so stößt man auf die **Biennale-Gärten ❹**. 1895 fiel der Startschuss zu dieser spektakulären Kunstschau, die seitdem alle zwei Jahre Abertausende von Besuchern nach Venedig lockt. Im Laufe der Zeit entstanden in den weitläufigen Gärten 29 Länderpavillons, in denen die jeweiligen Staaten ihre Gegenwartskunst präsentieren. Sie wurden von namhaften Architekten wie Josef Hoffmann, Gerrit Rietveld und Carlo Scarpa entworfen. Doch längst ist das Konzept der Biennale erweitert worden – nicht nur durch zusätzliche Veranstaltungsorte im historischen Stadtgebiet wie das Arsenale, sondern auch durch weitere Genres. So hat sich z. B. die Archi-

Wagner-Denkmal in den Giardini Pubblici

Isola di Sant'Elena

tekturbiennale etabliert, die alternierend an geraden Jahren stattfindet (2014, 2016 usw.), während die Kunstbiennale immer an ungeraden Jahren (2013, 2015 usw.) von Juni bis Oktober ihre Tore öffnet. Hinzugekommen sind außerdem die Tanz-, Musik-, Film- und Theaterbiennale, die bestimmt sind von experimentellen Aufführungen an spannenden und zeitgemäßen Orten. Infos, Termine etc. findet man unter www.labiennale.org. In der übrigen Zeit bleiben die Länderpavillons geschlossen, das Gelände ist für Gäste unzugänglich. Und dennoch: Auch zu ausstellungsfreier Zeit macht es Spaß, entlang der Biennale-Gärten und hinüber zur wohltuend grünen und stillen **Isola di Sant'Elena** zu bummeln, auf der sich weitere Biennale-Pavillons befinden. Einzeln stehende herrschaftliche Villen, breite Gassen, baumbestandene Plätze bilden ein reizvolles Kontrastprogramm zum ansonsten von Stein und Wasser dominierten Venedig. An manchen Stellen genießt man einen wunderbaren Blick auf das San Marco-Becken, z. B. am Campo Marco Stringari, wo man in die **Osteria Dal Pampo** (○○) einkehren kann.

Zurück am Wasser, erkennt man in der Ferne den Lido und die **Isola San Lazzaro degli Armeni,** eine Klosterinsel, die nur im Rahmen von Führungen zu besichtigen ist (Infos zu Terminen in der Touristinformation, s. S. 151).

Touren im Anschluss: 23, 24, 25

Friedhofsinsel San Michele

mittel

Chiesa San Michele in Isola → Cappella Emiliana → Schubladengräber → Evangelischer Friedhofsbereich → Griechischer Friedhofsbereich

Auf geschmückten Gondeln werden die Verstorbenen seit Beginn des 19. Jhs. zu dem kleinen, unbewohnten Eiland gebracht und dort beigesetzt. Auch so bedeutende Persönlichkeiten wie Ezra Pound, Igor Strawinsky und Joseph Brodsky haben auf San Michele ihre letzte Ruhestätte gefunden.

Start: Ⓥ Cimitero (4.1, 4.2)
Ziel: Ⓥ Cimitero (4.1, 4.2)
Wann: jederzeit, im Sommer tgl. 7.30–18, im Winter 7.30–16.30 Uhr

»Wenn die Gondeln Trauer tragen«, dann führt der Weg meist nach San Michele. Von den Fondamente Nove bietet sich bereits ein fantastischer Blick auf die zypressenbestandene, von einer Backsteinmauer umgebene Friedhofsinsel. Hier werden die Toten der Lagunenstadt begraben. Doch das war nicht immer so. Vielmehr befand sich auf der kleinen Insel (ca. 460 × 390 m) ab dem 13. Jh. ein Kamaldulenserkloster mit einer bemerkenswerten Bibliothek, von dem die Renaissancekirche San Michele in Isola und ein gotischer Kreuzgang zeugen. Napoleon löste das Kloster per Dekret vom 11. Juni

Gräberfeld auf San Michele

1804 auf, zugleich ordnete er an, dass die Toten fortan nicht mehr in der Nähe von Kirchen im Stadtgebiet beigesetzt werden durften. Das Inselchen San Cristoforo wurde zum Friedhofsareal auserkoren, erwies sich jedoch rasch als zu klein. Deshalb wurde es 1837 mit San Michele verbunden und 20 Jahre später noch einmal erheblich erweitert.

Um dem ständig drohenden Hochwasser zu begegnen, ließ man das Gelände aufschütten und begradigen, 1876 war die Friedhofsanlage endgültig fertiggestellt. Doch rund 100 Jahre später erwies sich San Michele erneut als zu beengt, weshalb man 1998 damit begann, den Friedhof nach Plänen des englischen Stararchitekten David Chipperfield um weitere 60 000 m² zu vergrößern. Corte dei Quattro Evangelisti heißt der neue Abschnitt, der 2013 fertiggestellt sein und dann 15 000 weiteren Grabstätten Platz bieten soll. Gestaltet ist der Friedhof wie ein griechisches Kreuz, zwei zypressenbestandene Hauptachsen teilen den zentralen Friedhofsbereich, auf dem sich sorgsam gepflegte Gräber zwischen Kieswegen befinden.

Chiesa San Michele in Isola

Zuerst sollte man die **Chiesa San Michele in Isola ❶** besichtigen, deren Renaissancefassade 1469 von Mauro Condussi entworfen wurde und die nach Restaurierungsarbeiten seit einigen Jahren wieder zugänglich ist (tgl. 8.30–12 Uhr), dann die aus dem Jahr 1530 stammende achteckige **Cappella Emiliana ❷** an der Nordwestspitze. Ein zauberhafter **Kreuzgang** lädt anschließend zu einer kurzen Pause in stiller Umgebung ein. Direkt

Kreuzgang

hinter dem Eingang links befindet sich übrigens ein Gedenk-
stein, der an den Physiker **Christian Doppler** erinnert, den Ent-
decker des Doppler-Effekts. Wo genau sich seine Grabstelle befindet, ist nicht geklärt.

Hinweistafeln leiten einen zu den verschiedenen Friedhofs-
bereichen. Folgt man zuerst dem Weg in die nordöstliche Ecke
von San Michele, so gelangt man zu dem
Bereich der riesigen Grabwände mit sogenannten **Schubladengräbern** ❸.

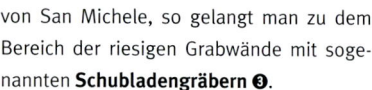

»Schubladengräber«

Im Nordosten des Friedhofs, im unge-
pflegten **Protestantischen Abschnitt,** wo
zahlreiche Gräber längst abgesackt sind,
liegt unter einer duftenden Rose der Litera-
turnobelpreisträger **Joseph Brodsky** ❹ be-
graben, und auch **Ezra Pound** ❺ hat hier, ungefähr in der Mitte
des Bereichs, seine letzte Ruhestätte gefunden. Nur zu leicht
übersieht man die winzige Steinplatte mit seinem Namen. Die
im ersten Moment wie weggeworfene Papierschnipsel wirkenden Blätter entpuppen sich bei näherem Hinsehen als Gedichte
und kleine Briefchen von Fans an »ihren« Schriftsteller.

Im angrenzenden **Griechischen Bereich** ruht der russische
Komponist **Igor Strawinsky** ❻. Auch die Gräber von **Sergej Dia-
ghilew,** Gründer des berühmten Russischen Balletts, und des
Künstlers **Emilio Vedova** befinden sich in diesem Abschnitt.

Von einem Infopoint, Toilettenhäuschen und einem Getränke-
automaten in Nähe des Eingangs abgesehen gibt es auf San
Michele keinerlei Infrastruktur. Man sollte also ggf. eine Kleinigkeit zu essen mitbringen.

Touren im Anschluss: 28, 29, 30

Zu den Glasbläsern von Murano

mittel

Fondamenta dei Vetrai → **Palazzo Contarini** → **Ponte Ballarin** → **San Pietro Martire** → **Palazzo da Mula** → ***Museo del Vetro** → ***SS. Maria e Donato**

Ganz Europa wurde einst von Murano aus mit wertvollen Gläsern, Spiegeln und Kronleuchtern beliefert. Bis heute hat sich das Handwerk der Glasbläserei auf der Insel erhalten. In zahlreichen Geschäften kann man Glasprodukte kaufen, zudem informiert ein Museum über die Geschichte des faszinierenden Handwerks.

Start: Ⓥ Colonna (3, 4.1, 4.2, 7)
Ziel: Ⓥ Navagero (3, 4.1, 4.2, 7)
Wann: jederzeit, im Sommer wie im Winter

Bereits seit dem Mittelalter ist Murano das Zentrum der venezianischen Glasherstellung. Angesichts der Brandgefahr, die von den bis zu 1300 °C heißen Glasöfen ausging, verlagerte man die Glasproduktion, die seit dem 10. Jh. in Venedig existierte, 1291 vom Stadtgebiet auf die Insel Murano. Hier hatte man zudem die Glasbläser besser unter Kontrolle und konnte verhindern, dass sie ihr begehrtes Wissen weitergaben. Wer dennoch Geheimnisverrat beging, dem drohte die Todesstrafe. Das Geschäft mit dem Murano-Glas florierte, ganz Europa wurde im Mittelalter mit wertvollen Kronleuchtern, Spiegeln und anderen Glaswaren beliefert. Auch heute noch existieren

Glasbläserwerkstatt

auf Murano zahlreiche Glashütten *(fornaci)*, und es ist ein Erlebnis, den Glasbläsern bei der Arbeit zuzuschauen. Meist warten an den Vaporetto-Anlegern schon Hüttenmitarbeiter, die Besucher zu den Produktionsstätten führen.

Steigt man an der Bootshaltestelle Colonna aus, führen die **Fondamenta dei Vetrai** (Ufer der Glasbläser) mit zahlreichen Glasgeschäften und -betrieben ins Zentrum von Murano. Linker Hand steht, leicht zu übersehen, der lombardische **Palazzo Contarini ❶**, erbaut im 16. Jh., kurz darauf passiert man den **Ponte Ballarin ❷**, benannt nach Giorgio Ballarin, einem berühmten Glasmacher des 15. Jhs., der seine Karriere auf gestohlenen Rezepturen begründete. Wer die Brücke überquert, gelangt zum **Leuchtturm ❸** *(faro),* von wo aus die Vaporetti nach Burano starten. Zurück am Kanal, verlockt das Restaurant **Dalla Mora** (s. Essen, S. 135) zu einem Päuschen. Wer Glasprodukte kaufen möchte, sollte unbedingt bei **Seguso** (Fondamenta Manin 77, www.seguso.com) vorbeischauen. Die Objekte haben ihren Preis, sind aber von Qualität und Design her top.

Murano-Glas

Der eigentliche Weg führt jedoch weiter entlang der Fondamenta bis zur Kirche **San Pietro Martire ❹**, die ein Hauptwerk Giovanni Bellinis birgt: die »Thronende Madonna mit dem Hl. Markus und dem Dogen Agostino Barbarigo« von 1448.

Am Ponte Longo vorbei weiterlaufend gelangt man zum spätgotischen **Palazzo da Mula ❺**, eine jener Prachtvillen, die im 15./16. Jh auf Murano errichtet wurden. Viele wohlhabende Venezianer verbrachten den Sommer auf der Insel, fest davon überzeugt, dass das Klima hier gesundheitsfördernd sei. Vom **Ponte Longo** hat man einen guten Blick auf den Palazzo. Über

Museo del Vetro

den **Ponte,** der Muranos Canal Grande überspannt, den breiten Canale degli Angeli, gelangt man auf die andere »Inselseite«, wo im Palazzo Giustinian aus dem 17. Jh. das ***Museo del Vetro** ❻ untergebracht ist. Das sehenswerte Glasmuseum stellt auf zwei Etagen mehr als 4000 Glasexponate aus, darunter Schmuck, Lüster, Trinkgefäße, Schalen und Vasen, und informiert über das alte Handwerk der Glasherstellung, das sich heute gegen die Billigkonkurrenz behaupten muss. Faszinierend ist nicht nur die Technik, sondern auch die Detailfreude, die sich entwickelte, nachdem sich die Glasbläserei von der Produktion reiner Gebrauchsgegenstände verabschiedet hatte und fortan auf dekorative Objekte setzte. Häufig finden in dem Museum Sonderausstellungen statt (tgl. 10–18, Nov.–März 10–17 Uhr).

Unmittelbar an das Museum schließt sich der **Campo San Donato** an, der zentrale Platz Muranos. Hier erhebt sich unübersehbar die Basilika ***SS. Maria e Donato** ❼ mit einem Mosaikfußboden aus dem 12. Jh., der an San Marco erinnert. Die Kirche der Bischöfe von Murano und Torcello, deren Ursprung im 7. Jh. liegt, zählt zu den ältesten in der Lagune.

SS. Maria e Donato

Gegenüber dem Glasmuseum, auf der anderen Seite des Kanals und dem Weg zur Vaporettostation Navagero, liegt die **Trattoria Valmarana** (○○), die u. a. gute Fischgerichte serviert.

Touren im Anschluss: 27, 29, 30

Fischerinsel Burano

mittel

Fondamenta della Giudecca → Piazza B. Galuppi → Chiesa San Martino → *Museo del Merletto

Postkartenschön sind sie: die knallbunt gestrichenen Häuschen der Fischerinsel Burano. Ob maisgelb, lindgrün, dunkelblau oder leuchtend rot: Bei einem Bummel entlang der Fondamenta entdeckt man zahlreiche pittoreske Fotomotive. Wer sich mehr für die feine Spitze interessiert, die traditionell auf Burano hergestellt wurde, sollte das Spitzenmuseum besuchen.

Start:	Ⓥ Burano (9, 12)
Ziel:	Ⓥ Burano (9, 12)
Wann:	jederzeit, am schönsten an Sommertagen, wenn das Licht zum Fotografieren perfekt ist

Eine ganz und gar erholsame Tour, die weniger kulturelle Highlights als wunderschöne (Foto-)Motive bietet. Wahrscheinlich würde sich kaum ein Besucher auf die traditionelle Fischerinsel verirren, hätte nicht irgendwann einmal jemand sein Haus mit einem farbenfrohen Anstrich versehen. Andere Bewohner Buranos zogen nach, und nun reihen sich hier in knallbunten Farben gestrichene Fischerhäuschen aneinander: ein charmantes, den Eindruck von Heiterkeit vermittelndes Bild!

Am Vaporettoanleger folgt man einfach dem Tross, der sich Richtung Zentrum be-

Bunte Fischerhäuschen

wegt. Am Kanal angelangt, sollte man unbedingt rechts abbie-
gen. Denn von den Fondamenta Cavanella aus bieten sich schöne Panoramablicke auf die bunten Fischerhäuschen, die sich an
ruhigen Tagen im stillen Wasser spiegeln. Über eine Brücke geht
es auf die **Fondamenta della Giudecca,** die in die Fondamenta
Cappuccine übergehen. Beim Bummeln macht man Bekannt-
schaft mit dem typischen Alltagsleben auf Burano: Handwerker
gehen ihrem Job nach, Hausfrauen hängen Wäsche auf, und die
Fischer machen ihre Boote für den nächsten Fang klar. Zu beiden Seiten des Kanals locken kleine Gässchen, die man nur zu
gerne durchstreifen möchte, hätte man dabei nicht das Gefühl,
zu sehr in die Privatsphäre der Insulaner einzudringen.

Piazza B. Galuppi

Bleibt man auf den Fondamenta della
Giudecca, so gelangt man ganz automatisch
auf die große, belebte **Piazza B. Galuppi,**
von der die Haupteinkaufsstraße der Insel
abgeht. Der Platz wird vom windschiefen
Campanile der **Chiesa San Martino** ❶ beherrscht, den man schon bei der Anfahrt vom Vaporetto aus
sieht. Die erste Kirche an dieser Stelle wurde bereits um das Jahr
1000 errichtet, sein heutiges Aussehen erhielt das Gotteshaus
im 16. Jh. Im Inneren kann mit der »Crocifissione« (Kreuzigung)
ein Frühwerk Tiepolos bewundert werden (tgl. 8–12, 15–19 Uhr).
Fischliebhaber sollten hier ohnehin eine Pause einlegen und in
die nur rund 40 m entfernte **Trattoria Da Romano** (s. Essen,
S. 137) einkehren, in den 1920er-Jahren ein Künstlertreff, der
noch immer beste Fischgerichte serviert.

Ein weiteres Highlight an der Piazza B. Galuppi, die übrigens
nach dem Komponisten Baldassare Galuppi benannt wurde, der
1706 auf Burano das Licht der Welt erblickte, ist das ***Museo del**

Merletto ❷, das die Geschichte der Spitzen-
herstellung dokumentiert (im Sommer Di–So
10–18, im Winter 10–17 Uhr). Burano war im
16./17. Jh. berühmt für die Herstellung von
Spitze (*merletto*), insbesondere für die in
Nadelspitzentechnik gefertigte *reticella*. In
der **Scuola dei Merletti,** der 1872 gegründeten Spitzenschule,
ist die traditionelle Spitzenstickerei wiederbelebt worden, darunter eine Technik, die sich *punto in aria,* der luftige Stich,
nennt und eine Weiterentwicklung der *reticella* darstellt. Bis
heute bemühen sich hier einige Frauen, die historischen Nadel-
techniken vor dem Vergessen zu bewahren.

Das, was in den Geschäften der Via B.
Galuppi angeboten wird, ist überwiegend
Fabrikware und stammt aus den Billiglohn-
ländern Südostasiens. Lediglich einige Ge-
schäfte bieten original Burano-Spitze an, die
jedoch ausgesprochen teuer ist. Wunder-
schöne Stücke findet man bei **Emilia** (Piazza
B. Galuppi 205, www.emiliaburano.it) oder bei **La Perla** (Via B.
Galuppi 376, www.laceinvenice.com). Nach dem gemütlichen
Schaufensterbummel erreicht man wieder den Kanal. Rechter
Hand ergibt sich ein fantastischer Blick auf den gewundenen
Wasserlauf, den farbenprächtige Fischerhäuschen säumen.

Nun ist vielleicht der richtige Zeitpunkt gekommen, um in
eines der Lokale wie z. B. das **Riva Rosa** (Via San Mauro 296,
❍❍) einzukehren und die Stimmung in aller Ruhe auf sich
wirken zu lassen.

Touren im Anschluss: 27, 28, 30

100 m

N

1 cm = 50 m

0

Canale di Burano

Fond. Cao di Rio a Destra

Fond. Cao di Rio a Sinistra

Fond. di Terranova

Calle Forgani

Fond. P. Destra

Museo del Merletto

La Perla

🏛 ❷

Piazza B. Galuppi

ℹ️ Chiesa S. Martino

Rio tera del Pizzo

Via B. Galuppi

Trattoria Da Romano

Fond. della Pescheria

Emilia

Fond. Cappuccine

d. Assassini

Fond. della Giudecca

🚏 Burano

Viale Marcello

Riva Rosa

Fond. Gatarona

C. Capece

Fond. di Pizzo

Strada San Mauro

Str. d. Corte Comare

Str. d. Corte Comare

Burano

Mazzorbo

mittel

Vorgängerin Venedigs: Insel Torcello

Piazza Torcello → **Thron des Attila** → **Chiesa di Santa Fosca** → ***Cattedrale di S. M. Assunta** → ***Museo di Torcello** → **Locanda Cipriani**

Eine fast verlassen wirkende Insel inmitten der stillen Lagunenlandschaft. Doch einst war Torcello nicht nur ein wichtiges Handelszentrum, sondern auch Sitz des Bischofs. Davon kündet die 639 gegründete Kirche Santa Maria Assunta, die den Besuch ebenso lohnt wie das Archäologische Museum, in dem antike und mittelalterliche Exponate ausgestellt sind.

Start:	Ⓥ Torcello (9)
Ziel:	Ⓥ Torcello (9)
Wann:	**nur in den Sommermonaten empfehlenswert**

Nahezu menschenleer erscheint die in der *laguna morta* gelegene Insel Torcello, wenn man sich ihr mit dem Vaporetto nähert. Und es sind in der Tat auch nur noch elf Menschen, die hier ständig leben. Dass dies einst anders war, beweist der weithin sichtbare, große Kirchenkomplex mit seinem markanten Campanile, der nun von Sümpfen und Schwemmland umgeben ist. Torcello war schon zu Ruhm und Ansehen gelangt, als Venedig noch gar nicht existierte. Die Insel, die bereits im 1. Jh. n. Chr. besiedelt war, wurde im 7. Jh. zum Bischofssitz erhoben, im 10. Jh. lebten hier bis zu 20 000 Menschen, die eifrig Handel trieben und so zu Reichtum und Wohlstand gelangten. In der Folge entstanden zahlreiche Kirchenbauten und alleine 16 Klöster. Doch heute fällt es auf der sumpfigen, verwilderten, 44,17 ha großen Laguneninsel schwer, sich die Blütezeit Torcellos vorzustellen, die im 12. Jh. abrupt endete. Noch ist nicht endgültig geklärt, warum sich Torcello so plötzlich entvölkerte. Vermutlich haben Überschwemmungen und Malaria-Epidemien viele Bewohner vertrieben. Bei ihrer Umsiedlung nach Venedig oder nach Murano nahmen sie mit, was an Baumaterialien wiederverwertbar war. Von der einstigen Stadtanlage sind deshalb kaum noch Spuren vorhanden. 1810 wurden die letzten drei Klöster der Insel geschlossen.

Fußweg zur Piazza Torcello

An der Vaporettoanlegestelle beginnt der knapp 1 km lange, neu gepflasterte Fußweg Richtung **Piazza Torcello,** der durch eine unberührte, urwüchsige Naturlandschaft und vorbei am **Ponte del Diavolo** sowie an drei Restaurants führt.

An der Piazza findet man auf engstem Raume die Sehenswürdigkeiten der Insel versammelt. Dazu gehört auch der **Thron des Attila ❶**, ein steinerner Sitz, bei dem es sich vermutlich um den ehemaligen Bischofsthron aus der Assunta-Kirche handelt. Die Kreuzkuppelkirche **Santa Fosca ❷** wurde im 11. Jh. errichtet, um die Reliquien der ravennatischen Märtyrerin Fosca aufzunehmen (tagsüber, So während der Messe um 10.30 Uhr Zutritt verboten).

Blick vom Campanile

Ein Säulengang verbindet Santa Fosca mit der beeindruckenden Kathedrale ***Santa Maria Assunta ❸**, die 639 gegründet wurde und damit das älteste Bauwerk der Lagune ist. Die heutige Kirche stammt allerdings aus dem Jahr 1008. Größter Schatz im Inneren sind die byzantinischen Mosaiken, die aus dem 11. und 12. Jh. stammen. Besonders tiefen Eindruck hinterlässt das Weltgericht, das drastisch die Höllenqualen schildert. Ein Audioguide erläutert die

Hintergründe (April–Okt. tgl. 10.30–18, im Winter 10–17 Uhr). Vom Campanile aus (zurzeit in Restauration) bieten sich bei gutem Wetter atemberaubende Blicke über die Lagunenlandschaft.

An die Kirche angeschlossen ist der Komplex des **Museo di Torcello ❹**, in dem antike und mittelalterliche Funde von der Laguneninsel und Exponate zur Geschichte Torcellos ausgestellt sind. Die antiken Artefakte – u. a. Grabstelen, Keramiken und Bronzestatuetten – befinden sich im **Palazzo dell'Archivio,** dem auf das 12. Jh. zurückgehenden Archivpalast, während der gegenüberliegende **Palazzo del Consiglio**, der Stadtratspalast aus dem 13. Jh., die Sektion Mittelalter und Moderne beherbergt (Di–So 10.30–17.30, im Winter 10–17 Uhr). Informativ sind die **Führungen** durch den gesamten Kirchen- und Museumskomplex (11, 11.45, 12.30, 13.15 Uhr).

Mit der **Locanda Cipriani ❺** besitzt Torcello eines der besten und berühmtesten Lokale der Lagune – Ernest Hemingway zählte zu den Gästen, und auch Maria Callas und Arturo Toscanini haben hier fürstlich gespeist. Das Cipriani ist eine Dependance des Luxushotels auf der Giudecca und gehört dem Besitzer von Harry's Bar (s. S. 134).

Touren im Anschluss: 27, 28, 29

Santa Maria Assunta

Locanda Cipriani

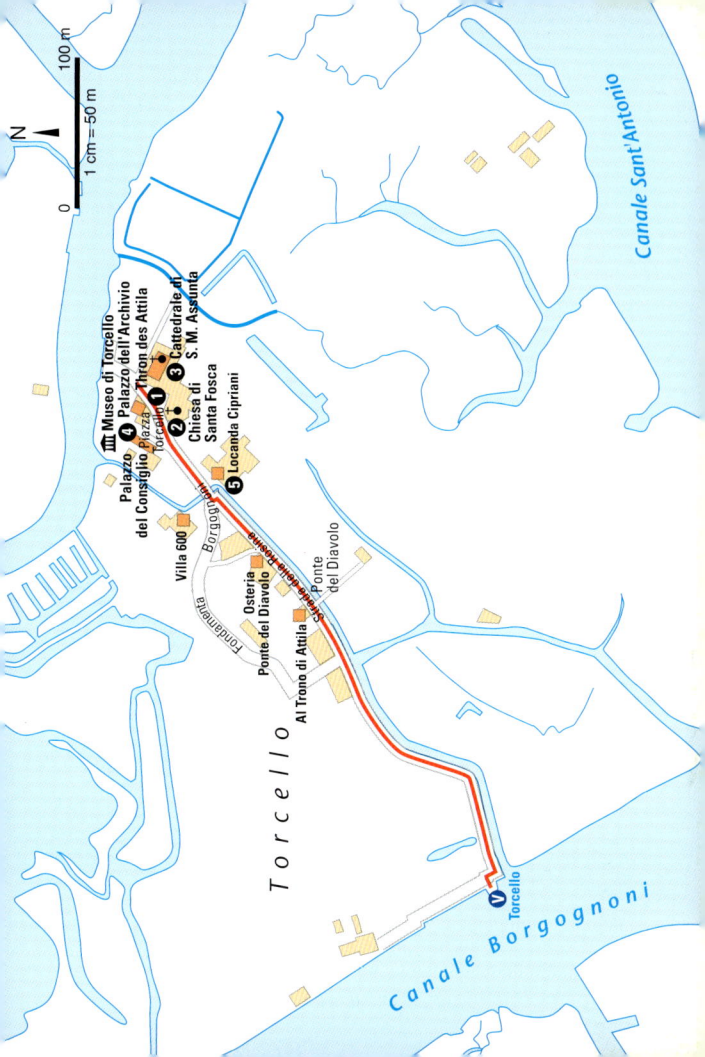

100 m

N

1 cm = 50 m

0

Canale Sant'Antonio

Museo di Torcello
Palazzo dell'Archivio
Cattedrale di S. M. Assunta
Thron des Attila
Piazza di Torcello
Chiesa di Santa Fosca
Locanda Cipriani
Palazzo del Consiglio
Villa 600
Fondamenta Borgognoni
Osteria Ponte del Diavolo
Ponte del Diavolo
Al Trono di Attila
Fondamenta S.

T o r c e l l o

Torcello

Canale Borgognoni

Vom luxuriösen Fünfsternehotel mit Swimmingpool über verwunschene Klosteranlagen bis hin zum einfachen B & B reicht das Angebot an Unterkünften, zunehmend werden auch Privatzimmer und kleine Apartments angeboten. Der gebotene Komfort entspricht nicht immer den hohen Übernachtungspreisen. Im Internet findet man Sondertarife.

Abbazia (Cannaregio)
Calle Priuli dei Cavaletti 68, Tel. 041 71 73 33, www.abbaziahotel.com, ○○

Das sorgfältig restaurierte ehemalige Karmeliterkloster, nicht weit vom Bahnhof Santa Lucia entfernt, ist in ein bezauberndes Dreisternehotel umgewandelt worden. Bis heute verströmt das pieksaubere Nichtraucherhaus klösterliche Atmosphäre. Besonders angenehm ist der Klostergarten, in dem man morgens frühstücken kann.

Ca' Pisani Hotel (Dorsoduro)

Rio terà Antonio Foscarini 979/A, Tel. 04 12 40 14 11, www.capisanihotel.it, ○○○

Es war das erste Designhotel Venedigs. Untergebracht in einem Palazzo aus dem 14. Jh., gehen hier Alt und Neu eine spannende Symbiose ein. Massive Möbel aus den 1930er-/40er-Jahren harmonieren bestens mit avantgardistischen Objekten. Das hauseigene Restaurant »La Rivista« beschreitet in der Zubereitung venezianischer Speisen ebenfalls kreative Wege.

Casa Peron (Santa Croce)

Salizzada San Pantalon 84, Tel. 041 71 00 21, www.casaperon.com, ○

Ganz einfaches, sauberes Hotel, nicht weit vom Piazzale Roma entfernt. Nicht alle Zimmer haben ein eigenes Bad, deshalb unbedingt nachfragen! Persönliche Atmosphäre – wer Zimmer Nr. 5 bucht, hat sogar eine eigene kleine Terrasse.

Hotel American Dinesen (Dorsoduro)

Fondamenta Bragadin 628, Tel. 04 15 20 47 33, www.hotelamerican.it, ○○

Wunderbar am Canal San Vio gelegenes Dreisternehotel, untergebracht in einem Palazzo aus dem 18. Jh. Einige der bedeutendsten Museen der Stadt liegen ganz in der Nähe. Die Zimmer zum Kanal hin haben blumenberankte Balkone.

Hotel Flora (San Marco)
**Calle Larga 22 Marzo 2283/A, Tel. 04 15 20 58 44,
www.hotelflora.it,** ○○

Nicht weit vom Markusplatz entfernt, ist dieses liebevoll geführte Traditionshaus, das mit viel Stuck und Pomp eingerichtet ist, eine solide Übernachtungsadresse. Besonders schön: der efeuumrankte Innenhof, den man an heißen Sommertagen schätzen wird. Morgens gibt es ein reichhaltiges Frühstück.

Locanda del Ghetto (Cannaregio, Tour 18, Seite 78)
**Campo del Ghetto Nuovo 2892, Tel. 04 12 75 92 92,
www.locandadelghetto.net,** ○○

Empfehlenswerte Unterkunft im ehemaligen jüdischen Getto. Nur ein paar Schritte vom Jüdischen Museum entfernt und unterhalb der Scuola Italiana, einer im Jahre 1575 erbauten Synagoge, nächtigt man in angenehmen Zimmern. Von einigen blickt man auf den Campo del Ghetto Nuovo.

Locanda Fiorita (San Marco)
**Campiello Nuovo 3457/A, Tel. 04 15 23 47 54,
www.locandafiorita.com,** ○○

Blumenumranktes kleines, lauschiges Hotel an einem ruhigen Platz, auf dem man abends noch gemütlich ein Glas Wein trinken kann. Neun Zimmer mit knarzenden Holzböden, einige mit süßem Balkon. Es herrscht eine familiäre Atmosphäre.

Metropole (Castello)
**Riva degli Schiavoni 4149, Tel. 04 15 20 50 44,
www.hotelmetropole.com,** ○○○

Welch fantastische Lage! Von  dem luxuriösen Fünfsterne- hotel, in dem bereits Thomas Mann und Sigmund Freud lo- gierten, blickt man auf das San Marco-Becken und die Kloster- insel San Giorgio Maggiore. Nicht nur die opulente, orien- talisch angehauchte Ausstattung, sondern auch das Gourmet- restaurant »MET« verführen zum Schwelgen.

Pensione Accademia Villa Maravege (Dorsoduro)
**Fondamenta Bollani 1058, Tel. 04 15 21 01 88,
www.pensioneaccademia.it,** ○○○

Ein kleiner verträumter Garten, ein Palazzo aus dem 17. Jh. und der (wenn auch eingeschränkte) Blick auf den Canal Grande: Die grüne Oase mitten in Venedig ist längst kein Geheimtipp mehr. Wer in einem der 27 liebevoll im venezianischen Stil eingerichte- ten Zimmer unterkommen möchte, sollte frühzeitig reservieren.

Residenza Cannaregio Hotel (Cannaregio)
Calle dei Riformati 3210/A, Tel. 04 15 24 43 32, ○○

In wunderbar ruhiger Umgebung liegt dieses ehemalige Kloster, das zu einem stilvollen Hotel umgebaut wurde. Bestechend sind nicht nur die geräumigen Zimmer, sondern auch der stimmungs- volle Klosterhof, in dem man morgens frühstückt.

Typisch für die venezianische Küche sind Fischgerichte, die man in den unterschiedlichsten Variationen bekommt. Üblicherweise umfasst ein Menü drei Gänge: Vorspeise, Hauptgericht (Gemüse und Salat muss man extra ordern) und eine Nachspeise (Obst, Käse, Süßspeise). Wem das zu teuer erscheint, der kann zu zivilen Preisen Pizza essen.

Caffè Florian (San Marco, Tour 2, Seite 13)
Piazza San Marco 56, Tel. 04 15 20 56 41,
www.caffeflorian.com
Schon Goethe trank hier seinen Kaffee, ebenso Jean Jacques Rousseau und Casanova. Das Caffè Florian aus dem Jahre 1720 mit seinen roten Plüschsitzen, den Spiegeln und Lüstern hat eine prominente Gästeliste und ist eines der berühmtesten (und teuersten!) Kaffeehäuser der Stadt. Wer hier einkehrt, sollte wissen, dass man für die Orchestermusik extra zahlt.

Casin dei Nobili (Dorsoduro, Tour 13, Seite 58)

Calle Lunga 2756, San Barnaba, Tel. 04 15 20 68 95, ○–○○

Urgemütliche und immer bis auf den letzten Platz besetzte Pizzeria, laut und hektisch, aber mit viel Atmosphäre. Leider gibt es draußen nur wenige Tische, am besten vorher reservieren! Im Speisesaal lässt sich aber das Dach öffnen, so dass man wie in einem Innenhof sitzt. Serviert werden neben Pizzen auch Pasta sowie Fisch- und Fleischgerichte. Hervorragendes Preis-Leistungs-Verhältnis.

Do Forni (San Marco, Tour 3, Seite 17)

Calle dei Specchieri 468, Tel. 04 15 23 21 48,
www.doforni.it, ○○○

Ehemals befand sich hier eine Bäckerei, die das Kloster San Zaccaria belieferte. Im 19. Jh. dann wurde die Backstube zu einem edlen Restaurant umgewandelt, das bis heute aus zwei getrennten Bereichen besteht: einem dunklen, typisch venezianischen Speisesaal und dem sog. Orient Express, der dem Speisewagen des historischen Zugs nachempfunden ist, der einst Venedig mit Istanbul und Paris verband. Gehobene Küche, typisch venezianische Gerichte.

Gam Gam (Cannaregio, Tour 18, Seite 78)

Sottoportego del Ghetto Vecchio 1122, Tel. 04 15 23 14 95,
www.gamgamkosher.com, ○

In dem netten Lokal am Tor zum Jüdischen Getto ist alles koscher. Im Sommer sitzt man draußen direkt am Kanal, an kühleren Tagen locken zahlreiche Tische ins Innere. Freundlicher Service, gute Auswahl auch an vegetarischen Gerichten. Stimmiges Preis-Leistungs-Verhältnis.

Harry's Bar (San Marco, Tour 4, Seite 20)

Calle Vallaresso 1323, Tel. 04 15 28 57 77, www.harrysbarvenezia.com, ○○○

Eine legendäre Adresse, denn so berühmte Persönlichkeiten wie Ernest Hemingway, Frank Sinatra, Winston Churchill und Federico Fellini waren hier schon zu Gast: in der von außen unscheinbaren Bar, in der einst der »Bellini« kreiert wurde, jener erfrischende Aperitif aus Prosecco und Pfirsich. In der ersten Etage befindet sich ein exquisites Restaurant.

Lineadombra (Dorsoduro, Tour 12, Seite 54)

Zattere/Ponte dell'Umiltà, Dorsoduro 19, Tel. 04 12 41 18 81, www.ristorantelineadombra.com, ○○○

Die Holzterrasse auf dem Wasser ist ein wahrer Logenplatz. So schön ist die Lage an die Zattere mit Blick auf die Giudecca

samt Redentore-Kirche, dass Donna Leon ihren Commissario Brunetti mit seiner Frau hier zum romantischen Essen schickt. An kühlen Tagen lockt der schicke, modern gestylte Innenraum. Kreative leichte Küche, gute Fischgerichte.

Dalla Mora (Murano, Tour 28, Seite 117)
Fondamenta Manin 75, Tel. 041 73 63 44,
www.ristorantedallamora.com, ○○○

Im Sommer sitzt man draußen unter einem Sonnensegel am Rio dei Vetrai, ansonsten umgeben von zahlreichen Kunstwerken an weiß gedeckten Tischen in Inneren. Serviert wird traditionelle venezianische Küche, wobei großer Wert auf saisonale Zutaten gelegt wird. Bekannt ist das Lokal für frischen Fisch aus der Lagune und frittierte Meeresfrüchte *(frittura mista)*.

Do Mori (San Polo, Tour 6, Seite 30)
Calle dei Do Mori 429, Tel. 04 15 22 54 01, ○○

Eines der ältesten Bàcari der Stadt – eng, dunkel und mit den zahlreichen Kupferkesseln unter der Decke wirklich urig. Hier treffen sich schon am Mittag die Einheimischen, um bei einem Glas Wein und *cicchetti* (kleinen Häppchen) eine Verschnaufpause einzulegen. »Andar per ombra« (in den Schatten gehen) gehört bis heute zu den typischen Gewohnheiten der Venezianer. Zurück geht die Sitte auf mittelalterliche Händler, die im Schatten der Markuskirche ihren Wein verkauften.

Ae Oche (Dorsoduro, Tour 13, Seite 58)
Zattere, Dorsoduro 1414, Tel. 04 15 20 66 01, ○–○○

Eine der beliebtesten Pizzerien der Stadt, die eine atemberaubend große Auswahl an unterschiedlichen Pizzen zu zivilen Preisen bietet. Man sitzt am herrlichen Giudecca-Kanal, wo an Sommerabenden mitunter eine angenehme Brise geht. Das Ae Oche hat übrigens zwei weitere Ableger in Venedig: in Santa Croce nahe San Giacomo dall'Orio und in Cannaregio.

Poste Vecie (San Polo, Tour 6, Seite 30)
Rialto Pescheria 16020,
Tel. 041 72 18 22,
www.postevecie.com, ○○○

Das älteste Restaurant Venedigs! Nahe dem Fischmarkt gelegen, werden Morgen für Morgen die frischen Zutaten direkt ins Haus geliefert. Serviert wird typisch venezianische Küche, zubereitet mit saisonalem Gemüse, darunter zahlreiche Fischgerichte. Im Sommer lockt ein kleiner Innenhof mit Tischen im Freien.

Rosa Salva (Castello, Tour 23, Seite 98)
Campo San Giovanni e Paolo 6779,
Tel. 04 15 22 79 49

Ein Klassiker in Venedig! Das beliebte Café bietet eine große Auswahl an selbst gemachten Kuchen, köstlichem Gebäck und nicht zuletzt das wohl beste Eis der Stadt. Im Sommer kann man die himmlischen Köstlichkeiten draußen auf dem stimmungsvollen Campo genießen – mit Blick auf die eindrucksvolle »Dogenkirche« Santi Giovanni e Paolo.

Alle Testiere (Castello, Tour 23, Seite 98)
Calle del Mondo Nuovo 5801,
Tel. 04 15 22 72 20,
www.osterialletestiere.it,
○○○

Die kleine, schnörkellose Osteria, deren Tische am Abend meist rasch besetzt sind (unbedingt reservieren!), genießt in Venedig einen hervorragenden Ruf für frische Fischgerichte.

Trattoria Da Romano (Burano, Tour 29, S. 121)
Piazza B. Galuppi 221, Tel. 041 73 00 30,
www.daromano.it, ○○○

Ein riesiger Speisesaal und eine Crew, die in der Küche ihr Bestes gibt, um die Gäste mit frischen Fischgerichten und anderen Köstlichkeiten der venezianischen Küche zu versorgen. Früher war das Lokal ein bekannter Künstlertreff, wovon noch immer die Kunstwerke an den Wänden zeugen.

Alla Vedova (Cannaregio, Tour 21, Seite 89)
Ramo Ca' d'Oro/Calle del Pistor, Tel. 04 15 28 53 24, ○–○○

Die »Witwe« zählt zu den typischsten Lokalen der Stadt. Es gibt ein vielfältiges Angebot an *cicchetti,* darunter frittiertes Gemüse, *sarde in saor* (sauer eingelegte Sardinen) und Krabbenspieße, die man am Tresen zu einem Glas Wein genießt. Alternativ nimmt man an einem der Holztische Platz und bestellt à la carte.

La Zucca (Santa Croce, Tour 16, Seite 70)
Ponte dell Megio/San Giacomo dall'Orio, Tel. 04 15 24 15 70,
www.lazucca.it, ○–○○

Die ultimative Adresse für Vegetarier, wenngleich es auch Fleischgerichte gibt! Dazu noch zauberhaft gelegen, mit zwölf Plätzen draußen und 35 im modern gestalteten, holzgetäfelten Innenraum. Tolle Gemüsevariationen, im Herbst wird Kürbis *(zucca)* in vielfältiger Weise verarbeitet.

Neben den typischen Souvenirs findet man in Venedig auch traditionelle Handwerksprodukte, darunter Glasobjekte aus Murano, Masken, marmoriertes Papier und Spitze aus Burano. Modebewusste werden sich in den Haupteinkaufsstraßen in San Marco bewegen. Ein sinnliches Erlebnis dagegen ist der morgendliche Bummel über den bunten Markt, die Erberia.

Alberto Valese (San Marco, Tour 4, Seite 22)
Campo San Stefano 3471, Tel. 04 15 23 88 30,
www.albertovalese-ebru.it
Marmoriertes Papier gehörte lange zu den Spezialitäten der Seerepublik Venedig, bevor diese alte Handwerkskunst in Vergessenheit geriet. In den 8oer-Jahren des letzten Jahrhunderts besann man sich wieder auf sie. Alberto Valese gehörte damals zu den Pionieren. In seinem Laden wird marmoriertes Papier in Form von Adress- und Notizbüchern, Kalendern, Fotorahmen etc. in großer Auswahl präsentiert.

Bressanello Artstudio (Dorsoduro, Tour 13, Seite 58)
Ponte dei Pugni, Dorsoduro 2835/A, Tel. 04 17 24 10 80,
www.bressanelloartstudio.com

Nicht die üblichen Fotos von Venedig, sondern ganz besondere
Stimmungen: stille Räume, Fassaden, die sich verzerrt in einer
Pfütze spiegeln ... Die Fotos gleichen kleinen Kunstwerken. Wer
sie nicht direkt mitnehmen möchte/kann: Sorgfältig verpackt,
werden sie auch an die Heimatadresse geschickt.

Ca' del Sol (Castello, Tour 23, Seite 97)
Fondamenta dell'Osmarin 4964,
Tel. 04 15 28 55 49,
www.cadelsolmaschere.com

Traumhaft schöne, aufwendig in Hand-
arbeit gefertigte Masken aus Leder, Ke-
ramik, Pappmaschee und Eisen entste-
hen in dieser Werkstatt, die zu den
ältesten Venedigs gehört. Angeboten
werden auch Kostüme für Bälle oder
den legendären Karneval.

Gilberto Penzo (San Polo, Tour 7, Seite 34)
Calle Seconda dei Saoneri 2681, Tel. 041 71 93 72,
www.veniceboats.com

Modelle venezianischer Gondeln und Schiffe, so wie sie zur Zeit
der Serenissima das Mittelmeer durchfuhren, stehen in diesem
außergewöhnlichen Laden zum Verkauf. Der Modellbauer,
Bootshistoriker und Künstler ist ein wandelndes Lexikon, wenn
es um Fragen zu Venedigs Gondeln geht.

Giovanna Zanella (Castello, Tour 3, Seite 18)
Campo San Lio 5641, Tel. 04 15 23 55 00,
www.giovannazanella.it

Derart schrille, freche und außergewöhnliche Schuhe wird
man wohl nirgendwo anders
mehr finden. Was in der Werkstatt der bekanntesten venezianischen Schuhdesignerin
Giovanna Zanella entsteht,
zeichnet sich durch leuchtende Farben, ungewöhnliche Mate-
rialien und Schnitte aus. Ein Shop mit Promi-Faktor!

L'Isola (San Marco, Tour 4, Seite 21)
Campo San Moisè 1468, Tel. 04 15 23 19 73,
www.lisola.com
Moderne Glaskunst, darunter Lampen, Vasen, Gläser, Schalen
und Skulpturen, hergestellt nach Entwürfen von Carlo Moretti
bzw. Giovanni Moretti, der nach dem Tod seines Bruders den
kreativen Part im Familienunternehmen übernahm. Ganz besondere Stücke, die jedoch ihren Preis haben.

Jesurum (San Marco, Tour 4, Seite 21)
Calle Larga 22 Marzo 2401, Tel. 04 15 23 89 69
Qualitätvolle Spitze, dazu Tücher für die Tischdekoration, Bett-
wäsche, Kleider, Schals und andere elegante Accessoires: Was
bei Jesurum angeboten wird, ist von bester Qualität und oft
traditionellen venezianischen Mustern und Produkten nachempfunden. Gute, freundliche Beratung!

Libreria Emiliana (San Marco, Tour 5, Seite 26)
Calle Goldoni 4487, Tel. 04 15 22 07 93,
www.libreriaemiliana.com

Venedigs älteste Buchhandlung bietet eine umfangreiche Auswahl an antiquarischen und neuen Titeln zur Geschichte und Kunst Venedigs – vom 16. Jh. bis in die Gegenwart. Auch alte Stiche und Grafiken gehören zum Sortiment. Im holzgetäfelten Verkaufsraum sind einige kostbare Stücke hinter Glas ausgestellt; hier kann man in angenehmer Atmosphäre stöbern und schmökern.

Loris Marazzi (Dorsoduro, Tour 12, Seite 53)
Dorsoduro 369, am Peggy Guggenheim Museum,
Tel. 04 15 23 90 01, www.lorismarazzi.com

Kurios und witzig: Was auf den ersten Blick aussieht wie ein gebügeltes, zusammengefaltetes Hemd, ein aufgeschlagenes Buch, eine Jacke, ein BH oder eine Unterhose auf der Wäscheleine, entpuppt sich bei näherem Hinsehen als ein Objekt aus Holz. Loris Marazzis skurrile Kunstwerke schmücken mittlerweile Wohnzimmer von Europa über Südafrika und die USA bis Australien. Das widerstandsfähige Holz bezieht der Künstler, dessen Arbeiten weltweit in Ausstellungen zu bewundern sind, aus den Dolomiten.

Pasticceria Marchini (San Marco, Tour 3, Seite 17)
Calle Spadaria 676, Tel. 04 15 22 91 09

Ob Sachertorte im Miniaturformat oder feinste Pralinés, liebevoll verziert oder als Masken, Pyramiden o. Ä. geformt – für
Schleckermäuler ist die alteingesessene Konditorei der Himmel
auf Erden. Die Köstlichkeiten eignen sich prima als Mitbringsel,
man kann sie aber auch gleich vor Ort verspeisen.

Atelier Pietro Longhi (San Polo, Tour 8, Seite 38)
**Rio terà Frari 2580, Tel. 041 71 44 78,
www.pietrolonghi.com**

Etwas versteckt zwischen der Kirche San
Gloriosa dei Frari und dem Campo San
Polo, auf dem Weg Richtung Rialto, liegt
ein außergewöhnliches Atelier: das von
Pietro Longhi, der wunderbar gearbeite-
te historische Kostüme (die man auch ausleihen kann), Schuhe,
Masken, Perücken, Waffen etc. herstellt. Wer das Atelier besu-
chen möchte, sollte sicherheitshalber vorher anrufen, da der
Meister bisweilen unterwegs ist.

Il Prato (San Marco, Tour 4, Seite 22)
**Calle delle Ostreghe 2456/8, Tel. 04 15 23 11 48,
www.ilpratovenezia.com**

Marmoriertes Papier, wunderschön eingefasste Schachteln,
Briefpapier, Notiz- und Adressbücher, Fotoalben ... Il Prato zählt
zu den alteingesessenen Buchbindern Venedigs. Wer ein Ge-
schenk oder Mitbrinsel sucht, ist hier genau richtig.

Il Tempio della Musica (San Marco, Tour 3, Seite 18)
Ramo dei Tedeschi 5368, Seitengasse der Salizzada Pio X.,
Tel. 04 15 23 45 52

Wer nach einem Konzertbesuch den dringenden Wunsch verspürt, eine Verdi-Oper, ein Vivaldi-Konzert oder Ähnliches auf CD mit nach Hause zu nehmen, der wird in diesem Laden garantiert fündig. Es gibt unzählige CDs verschiedener Genres.

Venini (San Marco, Tour 3, Seite 16)
Piazzetta dei Leoncini 314,
Tel. 04 15 22 40 45,
www.venini.com

Glaskunst vom Feinsten! Bekannte Designer und Architekten haben in Kooperation mit Venini freche, schrille, auf jeden Fall außergewöhnliche Glasobjekte gestaltet. Eine Dependance befindet sich auf Murano (Fondamenta dei Vetrai 50), der traditionellen Glasbläserinsel.

Vizio Virtù (San Polo, Tour 8, Seite 37)
Calle Campaniel 2898/A, Tel. 04 12 75 01 49,
www.viziovirtu.com

Der Himmel auf Erden für Naschkatzen! Die Chocolaterie bietet eine riesige Auswahl feinster, mit Pistazien, Mandeln und vielen erlesenen Gewürzen verfeinerter Pralinen und Schokoladen. Und wer hier noch eisern geblieben ist, wird spätestens am nahe gelegenen Campiello San Tomà, wo sich eine Filiale befindet, der Versuchung nicht länger widerstehen können …

Ein ausgeprägtes Nachtleben gibt es in Venedig nicht. Wer zwischen Diskotheken, Musikclubs und Bars pendeln will, ist fehl am Platz. Angesagt ist eher das romantische Abendessen bei Kerzenschein. An kulturellen Veranstaltungen wie Opern, Konzerten oder Theater mangelt es allerdings nicht. Lebhaftes Treiben herrscht im Sommer am Campo Santa Margherita.

Casinò di Venezia (Cannaregio, Tour 20, Seite 86) Palazzo Vendramin-Calergi, Calle Vendramin 2040, Tel. 04 15 29 71 11, www.casinovenezia.it
Unmittelbar am Canal Grande erhebt sich der Palazzo Vendramin-Calergi, in dem einst Ri-

chard Wagner an seinen Kompositionen arbeitete und 1883 auch starb. Heute befindet sich hinter der Renaissancefassade das Spielcasino Venedigs, in dem Abend für Abend ein erlauchtes Publikum am Roulettetisch auf das ganz große Glück hofft.

Da Codroma (Dorsoduro)
Fondamenta Briati 2540, Ponte del Soccorso,
Tel. 04 15 24 67 89
Rustikale Osteria, in der man an groben Holztischen in urgemütlichem Ambiente bei guten kleinen Gerichten und hervorragendem Wein einen geselligen Abend verleben kann. In dem einstigen Szenetreff gibt es an manchen Abenden Livemusik.

Enoteca Mascareta (Castello)
Calle Lunga Santa Maria Formosa 5183, Tel. 04 15 23 07 44,
www.ostemaurolorenzon.it
Urgemütliche Enothek mit einer riesigen Weinauswahl. Gastwirt Mauro Lorenzon, längst selbst zur Legende geworden, unterhält seine Gäste auf ganz besondere Weise. Wer Glück hat, erlebt den begnadeten Weinkenner, wie er gerade eine Weinflasche mit dem Säbel »entkorkt«. Empfehlenswerte Küche!

Teatro La Fenice (San Marco, Tour 4, Seite 21)
Campo San Fantin 1965, Tel. 04 12 41 80 33,
www.teatrolafenice.it
Wie Phönix (ital. *fenice*) aus der Asche ist es nach verheerenden Bränden in den Jahren 1773, 1836 und zuletzt 1996 wiederauferstanden: Venedigs historisches Opernhaus, in dem sich weltberühmte Dirigenten, Orchester, Soprane und Tenöre ein Stell-

dichein geben. Ein Opernabend im La Fenice zählt zweifellos zu den absoluten Höhepunkten eines Venedig-Aufenthalts.

Interpreti Veneziani **(San Marco, Tour 4, Seite 22)** **Chiesa San Vidal 2862/B,** Tel. 04 12 77 05 61, www.interpretiveneziani.com
In der Kirche San Vidal nahe der Accademia-Brücke gibt am Abend das international bekannte Ensemble Interpreti Veneziani u. a. Vivaldi-Konzerte. Ein Erlebnis!

I Musici Veneziani **(San Marco)** **Scuola Grande di San Teodoro, Campo San Salvador 30141,** **Tel. 04 15 21 02 94, www.imusiciveneziani.com**
Einige der besten Musiker Venedigs sind Mitglied des hervorragenden Orchesters, das in historischen Kostümen und im stimmungsvollen Rahmen der Scuola Grande di San Teodoro eindrucksvolle Konzerte gibt.

Paradiso Perduto **(Cannaregio, Tour 20, Seite 85)** **Fondamenta della Misericordia 2640,** **Tel. 041 72 05 81**
Bis heute ist das »Verlorene Paradies« ein Treff für Blues- und Jazzfans geblieben, v. a. am Wochenende, wenn bisweilen Live-Bands auftreten. Eine Kneipe für die alternative Szene, die hier an den groben Holztischen bei Wein und bodenständigen Gerichten diskutierend beieinandersitzt.

Piccolo Mondo (Dorsoduro)
Calle Contarini Corfù 1056/A (Nähe Accademia),
Tel. 04 15 20 03 71

Ein schickes Publikum verkehrt in dieser winzigen und einzigen Diskothek Venedigs, deren Eingang man am Tage leicht übersehen kann. Abends aber wird hier genau kontrolliert, wer Einlass erhält im ehemaligen Club El Souk, wo vorwiegend Musik der 1960er- und 70er-Jahre gespielt wird. Im Eintrittspreis ist bereits ein Getränk inbegriffen.

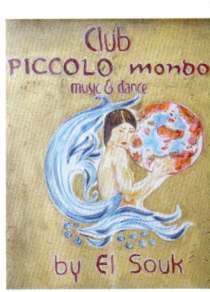

Venezia (San Marco)
Campo San Gallo 1097, Tel. 04 12 41 20 02,
www.teatrosangallo.net

Die wechselvolle Geschichte Venedigs – dargestellt in einer spektakulären Show. Giacomo Casanova, Antonio Vivaldi, Richard Wagner u. v. a. m. sind Protagonisten des bildgewaltigen Spektakels, das neben der Stadtgeschichte auch Hintergründiges und einige Skandälchen zum Besten gibt (Audioguide auch in Deutsch erhältlich).

Venice Jazz Club (Dorsoduro)
Ponte dei Pugni, Dorsoduro 3102, Tel. 04 15 23 20 56

Zwischen dem belebten Campo Santa Margherita und dem Campo San Barnaba liegt diese nette Jazzkneipe, in der neben dem venezianischen »VJC Quartet« auch internationale Jazzmusiker zu Gast sind. Vor Konzertbeginn gibt es etwas zu essen.

Frühling

März/April: Su e Zo per I Ponti: Der Stadtlauf »Die Brücken rauf und runter« an einem Sonntag im März oder April führt vom Markusplatz durch alle sechs Stadtviertel und ist eine Riesengaudi.

Festa di San Marco: Am 25. April wird zu Ehren des Stadtpatrons in der Basilica di San Marco ein Hochamt abgehalten, auf der Piazza herrscht Volksfeststimmung. Zugleich starten die Gondolieri auf dem Canal Grande zur »Regata dei Traghetti«.

Mai: Vogalonga: Meist am letzten Sonntag im Mai stattfindendes Ruderfestival, bei dem sich Amateure und Profis gleichermaßen auf die 30 km lange Strecke begeben können (www.vogalonga.it).

Festa della Sensa: Die »Vermählung Venedigs mit dem Meer« wird traditionell am Sonntag nach Christi Himmelfahrt gefeiert. Während früher der Doge symbolisch einen Ring ins Wasser warf, um seine Verbundenheit mit dem Meer auszudrücken, übernimmt dies heute der Bürgermeister.

Sommer

Juni: Biennale: Alle zwei Jahre (in ungeraden Jahren) findet die große Kunstshow in Castello statt, bei der sich Gegenwartskünstler aus aller Welt ein Stelldichein geben (www.labiennale.org).

Redentore: In Erinnerung an ein Pestgelübde von 1576, in dessen Folge die Redentore-Kirche auf der Giudecca erbaut wurde, wird am 3. Juliwochenende eine Pontonbrücke über den Giudecca-Kanal zur Kirche geschlagen. Festlich geschmückte Boote liegen vor dem Palladio-Bau, am Abend folgt ein spektakuläres Feuerwerk.

August/September: Filmfestspiele: Internationale Filmstars und ganz viel Prominenz halten Einzug auf dem Lido, wo die jährlichen Filmfestspiele stattfinden (www.labiennale.org).

Herbst

September: Regata Storica: In historischen Booten und in prachtvolle Kostüme gekleidet, liefern sich die Venezianer am 1. Septemberwochenende ein Bootsrennen auf dem Canal Grande.

Winter

November: Festa della Salute: In feierlicher Prozession wird am 21. November die Schwarze Madonna der Kirche Santa Maria della Salute nach San Marco gebracht. Hintergrund ist ein Pestgelübde.

Tausende strömen über die Pontonbrücke und bringen Votivkerzen dar.

Februar/März: Carnevale: Seit 1979 gibt es ihn wieder: den legendären venezianischen Karneval. Schon im Mittelalter wurde in der Lagunenstadt ausgiebig Karneval gefeiert, Gaukler und Musiker beherrschten die Gassen. Für kurze Zeit verschwanden so die Standesunterschiede in der Dogenrepublik. Doch die rauschenden Bälle nahmen irgendwann Überhand, und so untersagte Napoleon 1797 kurzerhand den Mummenschanz. Doch heute sieht man die zauberhaften Szenen wieder: beim zehntägigen Maskenball, bei dem die Venezianer in ihren farbenprächtigen Kostümen und wunderschönen Masken der Commedia dell'Arte in den stillen Gassen, auf Plätzen und Brücken stimmungsvolle Akzente setzen.

Diplomatische Vertretungen
▪ **Deutschland:** Santa Croce 251, Palazzo Condulmer, Fondamenta Condulmer, Tel. 04 15 23 76 75, venedig@hk-diplo.de
▪ **Österreich:** Santa Croce 251, Palazzo Condulmer, Fondamenta Condulmer, Tel. 04 15 24 05 56, consolato.austria@zoppas.com
▪ **Schweiz:** Dorsoduro 810, Campo Sant'Agnese, Tel. 04 15 22 59 96, venezia@honrep.ch

Ermäßigungen
Venice Card: Gilt 7 Tage (Erw. 39,90 €, Kinder/Jugendliche 6–29 Jahre 29,90 €): freier Eintritt in den Dogenpalast sowie 10 städtische Museen, die 16 Choruskirchen, die Fondazione Querini Stampalia und das Jüdische Museum. Außerdem Vergünstigungen beim Besuch von weiteren Museen und Ausstellungen, bei Parkgebühren, Inselfahrten mit Alilaguna, Stadtrundgängen und dem Besuch von Konzerten, Shows und beim Shoppen. Zudem: zweimalige kostenfreie Nutzung der öffentlichen WCs. Alternativ gibt es die **Venice Card San Marco** für 24,90 €: Eintritt in den Dogenpalast sowie 3 städtische Museen an San Marco, 3 Choruskirchen und die Fondazione Querini Stampalia. Außerdem Ermäßigungen beim Besuch von Wechselausstellungen. Man erhält die Venice Card am Flughafen, am Piazzale Roma und in allen Hellovenezia-Büros (www.hellovenezia.com).

Museum Pass: Für 18 € freier Eintritt in die Museen am Markusplatz und alle städtischen Museen (www.museiviviciveneziani.it)

Chorus-Pass: Für 10 € freier Eintritt in 16 Kirchen (www.chorusvenezia.org, geöffnet meist 10–17 Uhr). Der Einzeleintritt kostet jeweils 3 €.

Hotelbuchung

Rechtzeitig buchen sollte, wer eine schöne und »preiswerte« Unterkunft sucht! Folgende Websites sind nützlich: www.venere.com, www.venedig.com, www.veneziasi.it. Interessante Alternative: private Apartments (Selbstversorger, das spart Kosten). Angebote findet man z. B. unter www.venicerentapartments.com.

Kartenreservierung

Karten für Theatervorstellungen, Opern etc. kann man über die jeweilige Homepage reservieren. Tickets erhält man auch über die Touristeninformationen (s. u.). Viele Konzerte werden tagsüber in den Gassen beworben, Vorab-Reservierungen sind nicht erforderlich.

Notruf

- **Notruf:** Tel. 113
- **Polizei (Carabinieri):** Tel. 112
- **Ärztlicher Notdienst:** Tel. 118
- **Feuerwehr:** Tel. 115

Sicherheit

An belebten Plätzen (Piazzale Roma, Piazza San Marco, Vaporetti etc.) sollte man sich vor Taschendieben in Acht nehmen.

Telefon

Mit Telefonkarten kann man von öffentlichen Fernsprechern aus telefonieren. Wer innerorts telefoniert, muss die »0« mitwählen, also 041 für Venedig.

Internationale Vorwahlen: Deutschland: 00 49, Österreich: 00 43, Schweiz: 00 41

Toiletten

Die öffentlichen Toiletten sind gebührenpflichtig (1,50 €). Vergünstigungen siehe www.veniceconnected.com.

Touristeninformation

IAT Venice, Giardini ex Reali, San Marco, Tel. 04 15 29 87 11, www.turismovenezia.it, tgl. 9–14.30 Uhr, Infos, Zimmervermittlung, Ticketverkauf.

Anreise

▪ **Flugzeug:** Internationaler Flughafen **Marco Polo** (www.veniceairport.it), ACTV-Busse (Linie 5) oder Express-Busse bis Piazzale Roma (5/6 €, ca. 20 Min.), Inhaber eines Zeittickets, das man am Flughafen erhält, zahlen nicht extra. Alternative: mit Alilaguna ab dem Flughafen übers Wasser (12 €, 70 Min.) bis San Marco oder per Wassertaxi (ca. 90 €, 20 Min.). Flughafen **Treviso** (www.trevisoairport.it), ca. 35 km nördlich von Venedig. Mit ATVO-Eurobus bis Piazzale Roma (7 €, 45 Min.).

▪ **Bahn:** Der Bahnhof **Santa Lucia** (Touristeninformation, Gepäckaufbewahrung ca. 5 €/Tag) liegt in Venedig. Von hier aus geht es zu Fuß oder mit dem Vaporetto (Linie 1, 2, VA) auf dem Canal Grande weiter bis San Marco.

▪ **Pkw:** Parken am **Piazzale Roma,** Tel. 04 15 23 22 13, www.garagesanmarco.it (30 €/24 Std.) oder am **Parkplatz Tronchetto,** Tel. 04 15 20 75 55, www.veniceparking.it (21 €/24 Std.). Parken auf dem Festland z. B. **Parkplatz Fusina,** südl. von Mestre, Via Moranzani 77, zu erreichen über A4, Ausfahrt Venezia Centro, dann SS309. Geöffnet tgl. 7–23 Uhr, 9 € pro Tag. Von hier mit der Fähre (10 € hin und zurück) bis Venedig. Alternativ: **Parkplatz Marco Polo 2002,** Nähe Flughafen (Shuttlebus), Tel. 04 15 41 53 73, für 5/7 € am Tag bzw. 30 € pro Woche, www.marcopolo2002.com. Mit dem Bus vom Flughafen nach Venedig.

Unterwegs in Venedig

▪ www.actv.it
▪ www.hellovenezia.it
▪ www.veniceconnected.com
▪ **Vaporetto:** Das wichtigste Verkehrsmittel der Stadt! Die Vaporetti (Linienboote) verkehren von 5 Uhr morgens bis

23 Uhr im 10- bis 20-Minutentakt, auf den wichtigsten Wasserstraßen auch die ganze Nacht durch (Einzelfahrt 7 €). An jeder Vaporetto-Station werden die Stationen im Display angezeigt. **Fahrkarten** bekommt man in ACTV-Büros (z. B. Piazzale Roma) oder über www.veniceconnected. com. Es gibt verschiedene Tickets: 12 Std. 18 €, 24 Std. 20 €, 36 Std. 25 €, 48 Std. 30 €, 72 Std. 35 €, 7 Tage 50 €. Für Jugendliche von 14–29 Jahren gibt es die **Rolling Venice-Card** (3 Tage 18 €). Infos und Fahrpläne unter www.actv.it, www.hello venezia.com und www. vaporettoarte.com. **Wichtige Linien:** Canal Grande: Linie 1 und 2; neu: das Vaporetto dell'Arte (24 Std. 24 € oder 10 € in Kombination mit einem ACTV-Ticket, s. o.), verkehrt ab Bahnhof Santa Lucia bis San Giorgo Maggiore (während der Biennale bis Arsenale und Giardini) und fährt die wichtigsten Museen und Sehenswürdigkeiten an (Infos unter www.vaporetto arte.com). Ringlinien, die sich für eine Stadtrundfahrt eignen: 4.1/4.2 und 5.1/5.2

▮ **Wassertaxi:** Teurer, aber auch schneller als Vaporetti. Sie dürfen zudem auch Wasserwege befahren, die für die Vaporetti tabu sind. Preisbeispiele: Flughafen–San Marco 90 €, 10 Min. Fahrt 25 €. Sammelplätze z. B. Flughafen, Ferrovia, Piazzale Roma, Rialto, San Marco, Lido.

▮ **Gondel:** Ein fantastisches Erlebnis, das seinen Preis hat: Die Gondelfahrt kostet ca. 80 € für 40 Min., nachts ca. 100 €, mit Musikbegleitung wird es noch teurer. Preis vorher aushandeln!

▮ **Traghetto:** Gondelfähren, die an manchen Stellen über den Canal Grande setzen (Einzelfahrt ca. 2 €).

Die Autorin:

Gudrun Raether-Klünker

studierte Politische Wissenschaft und Germanistik in Aachen und ist heute als Lektorin und freie Reisejournalistin tätig. Sie hat mehrere Reiseführer, darunter den Polyglott on tour Venedig, sowie Reisereportagen veröffentlicht. Eines ihrer absoluten Lieblingsziele ist Venedig, das sie seit vielen Jahren regelmäßig besucht.

Impressum

Herausgeber: GVG TRAVEL MEDIA GmbH
Redaktionsleitung: Grit Müller
Autorin: Gudrun Raether-Klünker
Lektorat: Anja Lehner
Redaktion: Sabine von Loeffelholz
Bildredaktion: Ulrich Reißer
Layout: Polyglott Chaos Productions, München
Umschlaggestaltung: 4S_art direction, Svea Stoss, Köln, und Carmen Marchwinski, München
Satz: Schulz Bild & Text, Mainz
Kartografie: Gecko-Publishing GmbH für Polyglott-Kartografie

1. Auflage © 2013 GVG TRAVEL MEDIA GmbH, Hamburg
Manufactured in China by Macmillan Production (Asia) Ltd.
ISBN 978-3-8464-6198-3

Bildnachweis:

www.polyglott.de

Alle Informationen stammen aus zuverlässigen Quellen und wurden sorgfältig geprüft. Für ihre Vollständigkeit und Richtigkeit können wir jedoch keine Haftung übernehmen. Ergänzende Anregungen bitten wir zu richten an:

GVG TRAVEL MEDIA GmbH

Redaktion Polyglott, Harvestehuder Weg 41,

D-20149 Hamburg, E-Mail: redaktion@polyglott.de

POLYGLOTT

Toskana
on tour entdecken

Der Klassiker unter den Kompakt-Reiseführern mit der einzigartigen flipmap. POLYGLOTT on tour ersetzt spielend jeden Reiseleiter und führt mit ausgewählten Routen zu den wichtigsten Sehenswürdigkeiten dieser Region. Dazu lassen die Echtgut!- und Top-12-Tipps den Reisenden landestypisches Flair schnuppern.